JN120997

障害者雇用・就労支援のキーワード

職業リハビリテーション用語集

[監修]
日本職業リハビリテーション学会

[編集]
職リハ用語集編集委員会

やどかり出版

表紙デザイン … 石井知之
本文組版・レイアウト … 川上麻衣子

巻頭言

　日本職業リハビリテーション学会では、1997年に関連用語や概念の解説に関する初めての取り組みとして『職業リハビリテーション用語集』を発刊した。その後、2002年には第2版としてバージョンアップを図っている。

　その後職業リハビリテーションの範囲は広がり、特に福祉サービスの利用者が就労へと移行することに重点が置かれると、就労支援の概念そのものがさらに拡大していった。同時に、それに従い、支援の担い手も増加していく。

　法制度の拡充と支援技術の伸展はもちろん歓迎すべきことだが、関わる事象や関係者が増えれば、職業リハビリテーションを説明し、実践を根拠付ける用語や概念はどうしても混沌となりがちになる。

　こうした状況に合わせて、用語や概念を整理し、客観的な視点からの意味付けと定義を提示することは、学術団体としての使命でもある。

　この間、学会として『職業リハビリテーションの基礎と実践』を発刊することができた（2012年）。同書でも用語や概念の整理について意識したものの、書き手の見解がベースであり、統一的な考えに基づくものには至らなかった。

　以前の取り組みから、だいぶ時間は経過してしまったが、今回、現時点での職業リハビリテーションや就労支援の到達点を踏まえ、改めて職業リハビリテーション用語集を上梓できることは幸いである。

　学会活動等の中核をなす研究において、それぞれの研究テーマに合わせ、さまざまな概念を操作的に定義することは重要であるが、一方でそのベースとなる用語・概念の共通理解が不可欠となる。特に多職種・多領域の連携・協働が当然のことになると、より一層、分野を超えた共通言語化が要請される。

　今日、インターネットを検索すれば、職業リハビリテーションに関連する用語に出会うのは難しいことではない。しかしながら、体系立てて用語を概観し、さらにはその適切な根拠を求めるとなると相当の労力を要することになる。

　また、同じ分野・系統の用語であっても、複数のパーツから構成されていると、それらを紡いでいくための作業が必要になる。これらのことから、研究や

実践を進める上で共通言語は共通認識となり、思索の共通基盤となる。さらには、効果的な議論を進めていくための「土俵」にもなり得るのである。

　ところで、用語の正しい理解と共有化は、究極的には支援の対象者のためにあることを改めて認識しておきたい。研究・実践者のみならず、用語の共有は、支援対象者である障害者や事業所にとって重要な意味を帯びてくる。用語の意味とそれを取り巻く概念等が正しく理解され、または検討されることは、支援技術の向上や働きかけの質の向上に確実につながるのである。時に、その用語の意義を適切に表現することは、支援対象者を勇気付ける力になることも確認しておきたい。

　一方で、一定のボリュームで表現された用語には限界がある。時代の流れによって概念構成が変化する可能性もある。法制度が変わっても、一貫して保持される理念や概念もある。その意味で、用語は、また、関係者どうし、あるいは関係者と次世代との対話のツールにもなる。用語が概念を規定し、概念が用語をブラッシュアップしていく。この議論の積み重ねこそ、学会の使命であり、用語集の神髄ととらえることができる。

　今日のネット社会の中で、「座右の銘」という表現自体馴染まないかもしれない。しかしながら、いや、だからこそ、職業リハビリテーションや就労支援を思索し、あるいは眼前の課題の解決のための糸口として、この用語集をまさに傍らにおいて、未来を展望する諸活動に用いられることを期待したい。

　この度、用語集編集委員会委員ほか学会員を中心に職業リハビリテーションの実践、研究、教育に生かすことを目的として遠大な作業が進められてきたことを心強く思うとともに、刊行にあたってご協力いただいたすべての関係者の皆様に心から感謝申し上げたい。そして学会員のみならず障害者雇用・就労支援に関心のある多くの皆様とこの用語が共有されることを願っている。

日本職業リハビリテーション学会
　会　長　**朝日雅也**（埼玉県立大学）

刊行のご挨拶

　平成が終わり、新たな令和の時代に入った。平成に企画されたこの用語集も、平成から令和へ、年号をまたぐ仕事になってしまった。まず、刊行が大幅に遅れたことをお詫びしたい。

　平成時代に、わが国の職業リハビリテーションは大きな変化を遂げた。昭和62（1987）年に雇用率の算定対象に知的障害者が含まれたことに続き、平成9（1997）年に知的障害者の雇用義務化。平成18（2006）年に精神障害者が雇用率の算定対象となり、平成30（2018）年に精神障害者雇用義務化で平成時代は幕を閉じた。まさに法定雇用率が牽引して障害者雇用の対象が拡大し、民間企業における実雇用率及び雇用されている障害者数が著しく伸びたのが平成時代といえる。時代は変わっても職業リハビリテーションの基本理念は普遍的ではあるが、対象者数の急激な増加と障害特性の変化は、障害者雇用及び就労支援の担い手、方法論、技術などに大きな変化を与えた。

　また、平成18（2006）年の障害者自立支援法施行により、障害福祉サービスに就労移行支援事業が創設され、多様な事業体が就労移行支援事業に参入したことは、就労支援の領域が市場原理の影響を受け、競争の時代に入るきっかけとなった。平成31（2019）年現在、全国に3,315カ所の就労移行支援事業所が存在しており、軽く1万人を超える人々が就労移行支援に従事している。このような就労支援従事者のすそ野の広がりは、理念、方法、技術の共有を難しくし、密接な連携によって維持しようとしてきた職業リハビリテーション、就労支援の一貫性を見え難いものにしている。

　このような変化のもと、就労支援の実践においては「職業リハビリテーション」という言葉が用いられる頻度が減り、「就労支援」の方が馴染みある言葉になりつつある。今回、この用語集に「障害者雇用・就労支援のキーワード」というサブタイトルを付けたのも、そのような背景を意識してのことである。職業リハビリテーションの方法や技術に関わる用語も使用頻度が減りつつあるが、積み重ねられてきた方法や技術の衰退になってしまわないよう注意しなければならない。職業リハビリテーションと就労支援の用語を重ね合わせ、理

念、方法、技術、制度等を確認することが必要なタイミングである。

　以下では、職業リハビリテーション用語集の構成について説明しておきたい。

　職業リハビリテーション学会が2002年に発刊した前の用語集は、500を超える用語を網羅した100ページ余りの冊子で、用語数が多い分、説明は定義や意味を中心にした簡潔なものであった。本用語集はそれとコンセプトを異にし、用語の数を絞り込む一方、1つの用語の説明を丁寧に行い、他の用語の説明や関連性も含めた「事典」の形を取っている。基本用語の選出は、職業リハビリテーション学会が2012年に刊行した『職業リハビリテーションの基礎と実践』を土台として行い、編集委員会を中心に精選を重ね、最終的にはそれらを68用語に絞った。さらにそれらの用語は、「職業リハビリテーションに関わる基本用語」「近接領域の法律及び基本用語」「障害者雇用促進法等に関わる基本用語」「法律等に基づく関係機関及びサービス」「職業リハビリテーション・就労支援の方法」「支援方法と支援技術」の6領域に分けられた。各用語にはキーワードを付けているので、検索などに活用していただきたい。

　用語はあいうえお順に配列していないため、知りたい用語を見つけるには、カテゴリーを頼りに目次を概観していただきたい。もし目次でその用語が見つからない場合は、巻末の索引から探すことも可能である。

　本用語集の作成に際しては、多くの執筆者の方々にご協力をいただいた。また、第1期、第2期を合わせて多くの編集委員の方々に、コンセプトの検討から、用語の選定、執筆者とのコミュニケーション、原稿の執筆及び推敲など、多大なお力添えをいただいた。さらに、やどかり出版の石井みゆき様には、牛歩の道のりを辛抱強く支えていただいた。厚く御礼を申し上げたい。

　本書が令和の時代の職業リハビリテーション、就労支援の発展に少しでも貢献し、次の時代の用語集にバトンタッチできることを願っている。

　　　　　　　　日本職業リハビリテーション学会
　　　　　　　　職リハ用語集編集委員会委員長　　小川　　浩（大妻女子大学）

目　次

Ⅰ　職業リハビリテーションに関わる基本用語

Ⅱ　近接領域の法律及び基本用語

Ⅲ 障害者雇用促進法等に関わる基本用語

Ⅳ 法律等に基づく関係機関及びサービス

Ⅴ 職業リハビリテーション・就労支援の方法

Ⅵ 支援方法と支援技術

通称・略語一覧

本書では原則として、全体での初出時、及びその用語が見出し項目となっている単元において正式名称を記し、その他は通称・略語での表記としています。

通称・略語	正式名称／日本語表記
障害者虐待防止法	障害者虐待の防止、障害者の養護者に対する支援等に関する法律
障害者権利条約	障害者の権利に関する条約
障害者雇用促進法	障害者の雇用の促進等に関する法律
障害者差別解消法	障害を理由とする差別の解消の推進に関する法律
障害者総合支援法	障害者の日常生活及び社会生活を総合的に支援するための法律
労基法	労働基準法
ジョブコーチ	職場適応援助者
ハローワーク	公共職業安定所
ACT	Assertive Community Treatment：包括的地域生活支援プログラム
CBT	Cognitive Behavioral Therapy：認知行動療法
EAP	Employee Assistance Program：従業員支援プログラム
EBP	Evidence Based Practice：科学的根拠に基づく実践
ICD	International Statistical Classification of Diseases and Related Health Problems：世界保健機関による国際疾病分類
ICF	International Classification of Functioning, Disability and Health：国際生活機能分類
ILO	International Labour Organization：国際労働機関
IPS	Individual Placement and Support：個別職業紹介とサポート
MWS	Makuhari Work Sample：ワークサンプル幕張版
OECD	Organisation for Economic Co-operation and Development：経済協力開発機構
Off-JT	Off the Job Training
OJT	On the Job Training
SST	Social Skills Training：社会技能訓練、生活技能訓練、社会生活技能訓練
WHO	World Health Organization：世界保健機関

第Ⅰ部

職業リハビリテーションに関わる基本用語

職業リハビリテーション

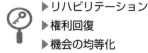

▶リハビリテーション
▶権利回復
▶機会の均等化

1．職業リハビリテーションの役割

人生には、何らかの理由で働くことを中断したり、あきらめたりせざるを得ない場合がある。疾病や怪我はその大きな要因であり、その結果として発生する心身機能の障害は働くことの中断や、内容に大きな変更をもたらす。それ以外にも介護や育児、あるいは勤務先の倒産等、外的な要因による場合もある。

こうした働く上で発生しうる困難に対して、多様な社会的対応が講じられている。たとえば雇用保険の失業給付や職業訓練による再就職の支援などがその例である。

その中で、何らかの障害を起因として発生する働く上での困難に対する専門的な介入が職業リハビリテーションといえる。その際には、生活を営むための経済的な基盤を確保することのみならず、働くことで得られる社会的連帯や自己実現もまた、職業リハビリテーションの主要な関与領域である。

また、職業リハビリテーションは、総合的なリハビリテーションの過程において重要な位置を占めている。ライフステージの観点から稼働年齢の長さを考えると、働くことに介入する意義は大きい。さらに、リハビリテーションは、単に機能の改善・回復を図るだけでなく、そのことによって失われた権利の回復を意味する。心身機能の障害を原因として、働くことに関する権利が失われた場合に、それを回復させるのも職業リハビリテーションの重要な役割である。

2．各分野における職業リハビリテーション

障害者の関連法規で「職業リハビリテーション」を定義しているのは、「障害者の雇用の促進等に関する法律（障害者雇用促進法）」である。同法は、障害者雇用率制度、雇用の分野における差別禁止と合理的配慮の提供と並び、職業リハビリテーションの措置等を総合的に講じ、障害者の職業の安定を図ることを目的としている。その「職業リハビリテーションの措置」とは、「障害者に対して職業指導、職業訓練、職業紹介その他この法律に定める措置を講じ、その職業生活における自立を図ること」と規定されている。これらは労働分野

における職業リハビリテーションの構成要素と理解できる。

一方、福祉分野における職業リハビリテーションの要素は、「障害者の日常生活及び社会生活を総合的に支援するための法律（障害者総合支援法）」による就労移行支援事業等にも見出される。福祉的支援によって、生産活動等に従事することもまた、職業リハビリテーションと位置付けられる。

さらに、医療機関における就職に向けた支援や、教育機関における進路支援としての職業教育もまた、職業リハビリテーションの要素といえる。このように労働はもとより、医学、社会、教育それぞれのリハビリテーション分野にも「職業」を支援する要素が包含されている。

3．職業リハビリテーションの機能

障害者に関する分野を「予防」「リハビリテーション」「機会の均等化」と整理した1982年の国連「障害者に関する世界行動計画」の定義を踏まえると、職業リハビリテーションは第一義的には障害のある本人への介入といえる。

一方、リハビリテーションは個人に対するアプローチに限定しないという考え方もある。環境への働きかけは「機会の均等化」として整理される場合が多いが、たとえば、ジョブコーチによる職場における「仕事の切り出し」は、本人に対する働きかけの側面もあるが、環境条件へのアプローチの要素が強い。

障害者雇用率制度や関連施策も環境条件の分野といえるが、そちらの改善は「機会の均等化」を実現するための条件整備と整理されよう。

また、支援対象者の発達への関わりも職業リハビリテーションの重要な機能である。その際、キャリアの形成を単に職業的な発達にとどめることなく、多様な社会的役割を遂行できるよう働きかけていくことも求められる。働くことの役割の遂行を介して、個人のキャリア形成上のニーズを充足させるとともに、事業所や職場などの社会側のニーズも同時に充足させるプロセスでもある。

（朝日雅也）

職業リハビリテーションの対象

▶国際生活機能分類（ICF）
▶ILO 第159号条約
▶福祉から雇用へ

1．職業リハビリテーションの対象の基本的な考え方

　国際労働機関（International Labour Organization：ILO）の「障害者の職業リハビリテーション及び雇用に関する条約」（第159号条約）では、その対象者を「正当に認定された身体的または精神的障害のため、適当な職業に就き、これを継続し及びその職業において向上する見通しが相当に減少している者」と定義している。何らかの身体的または精神的障害があるために、職業上の困難を持つ者が職業リハビリテーションの第一義的な対象者である。また、あらゆる障害を対象とし、機能障害の程度による対象の規定はしていない。

　ところで、職業に就き、それを継続していく上での「困難性」は、障害者個人に固有の機能障害のみに起因するものではなく、職場環境などの要件によって規定されるところが大きい。

　世界保健機関（World Health Organization：WHO）の国際生活機能分類（International Classification of Functioning, Disability and Health：ICF）の概念によれば、「働く」という「活動」の制限と促進や、その活動に基づき雇用されるという「参加」の制約と促進は、背景となる因子、特に「環境因子」によって影響を受けることになる。そこからは、職業リハビリテーションの対象を考える上で、個人とそれを取り巻くさまざまな環境条件の双方に焦点を当てることが不可欠となる。

　これは、他のリハビリテーション分野とは異なった対象に関する視点として特徴付けられる。医学的あるいは教育的リハビリテーションでは、個人の条件に焦点化した活動が中核をなし、環境要因はそれぞれのリハビリテーションを展開する上での前提条件の1つではあるが、対象そのものではない。

2．障害種類の観点からの対象の拡大

　現在、障害者関連法の中で唯一、職業リハビリテーションを規定する障害者雇用促進法の前身は1960年の「身体障害者雇用促進法」である。同法は初めて障害者雇用率制度を導入したが、その対象は身体障害者に限定されていた。その後、1987年の改正で障害の種類を問わず職業リハビリテーションの対象

とされ、1997年の改正では知的障害者が、2013年の改正では精神障害者が、それぞれ雇用義務の対象となるなど、障害種類の観点から対象の拡大が図られてきた。職業リハビリテーションの実践場面では、障害者雇用率制度の対象にならない障害のある人々も増え、特に障害者手帳を所持しない発達障害、高次脳機能障害や難病の人々への支援が課題として認識されている。

　ところで、働くことを実現し、維持・向上させていく上では、多様な困難が発生する。時には、働くことについての意欲ないしはその表出が困難な場合もある。その際には、職業準備性が不十分であることを理由に対象から除外するのではなく、動機付けを含めた多様なアプローチも求められる。

３．福祉から雇用への流れにおける職業リハビリテーションの対象者

　今日の「福祉から雇用へ」の流れは、障害のみならず、多様な分野での就労支援の拡充を迫っており、そのまま職業リハビリテーションの対象の拡大にもつながっていく。職業の世界から遠ざけられることによって失われた権利を回復する上で、就労支援は特に重要な意味を持つ。

　たとえば、低所得者については、可能な限り就労による自立・生活の向上を図ることを関係者に求めて、福祉及び雇用の両面にわたる総合的な取り組みが展開している。就労意欲や稼働能力のある生活保護受給者については、ハローワークと福祉事務所が有機的に連携した就労支援事業が実施されている。今後、受刑者などもまた、職業の困難者として支援の拡充が期待されている。

　職業リハビリテーションを広くとらえていくと、多様な対象者への働きかけが求められていることがわかる。個人の生活構造の変調や制限・制約を出発点とする障害への対応の積み重ねが、多様な生活課題を原因として働くことに支障をきたしていることの解決への広がりを持つ意義を確認しておきたい。

（朝日雅也）

職業準備性（職業レディネス）

▶レディネスモデル
▶職業準備支援

1. 概念と内容

　準備性（レディネス）は、ある行動の習得に必要な身体機能の成熟、既存の知識や技能、興味や動機や態度などの条件が用意されている状態を意味する。それゆえ、職業準備性は「職業生活に必要な個人的な諸能力が用意されている状態」とされる。

　個人の職業能力の全体像は、図の4つの階層構造としてとらえることができる。最上層の「職務の遂行」は、特定の仕事に就いてその技能を向上させる適性・学力・技能・性格・興味・価値・訓練可能性などの条件である。第2層の「職業生活の遂行」は、職業の理解、基本的ルールの理解、作業遂行の基本的能力、作業遂行の態度、対人関係の態度、求職と面接技能などである。第3層の「日常生活の遂行」は、学習の基礎的技能（身体的発達、数的処理、理解、コミュニケーションなど）、適応の基礎的技能（自己の理解、情緒的な対人関係、社会的な対人関係など）、地域社会への適応行動（日常生活の技能、家事の能力、健康の管理、消費者技能、地域社会の理解など）などである。最下層の「疾病・障害の管理」は、清潔や健康の自己管理、服薬の遵守などである。

　その上で、疾病・障害の管理や日常生活の遂行に関わる条件は「社会生活の準備性」、また、それらに職業生活の遂行に関わる条件を取り込んだものを「職業生活の準備性」とされる。これらは、成熟の程度や過去の経験及び指導方法などの要因が相互に作用しながら、発達的な過程の全体を通して形成される。

2. 育成と課題

　職業人としての役割に参入してこれを維持するには、これらの個人条件の確立が必要である。特に、日常生活や職業生活の準備性などの条件で課題が多いと、就職の困難さが増すとともに、就職後も継続的な支援が必要となることが多い。なお、就職前に職業準備性を向上させるために、職業準備支援などの各種プログラムが実施されている。

　職業準備性の要件は幅広いことから、その向上への取り組みは、就業支援の

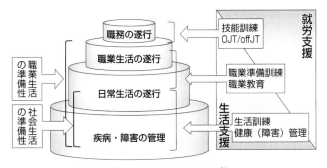

個人特性の階層構造と支援[1]

領域だけでなく医療・保健・福祉・教育等の各専門領域や家庭等でも行われることが重要となる。これを踏まえた上で、育成するための要点としては、①職業準備性を向上する必要性の理解、②広範な職業情報の提供、③働く障害当事者のモデルの提示、④企業の求める要件の認識、⑤企業等の現場実習、⑥丁寧な振り返りと自己理解の深化、⑦さまざまな制度の有効活用と関係機関の連携などが必要である。

　なお、職業準備性を理解するには、注意が必要である。それは、職業生活を始めるための必要条件は、企業側の障害者雇用に係る考え方や支援機関の支援の状況などで異なるということである。つまり、図の個人的要件を絶対的な基準とみなして画一的に就職の可能性を判別して、就職のハードルとするとらえ方（レディネスモデル）に固執しないことが大切である。また、就職とその後の職業生活を維持するには、職業準備性の要件は継続的な支援が必要なこともある。たとえば、精神障害者の疾病・障害の管理は社会生活の「準備性」ではなくて「維持」に不可欠だからである。

　このように、職業準備性は、生涯の支援や受け入れ環境との相互関係の中で見ていく必要があり、職業生活の継続のために、本人が努力すべきこと、企業が配慮すべきこと、支援者が支援すべきことを整理するための視点としてとらえることが大切である。

文　献

1）松為信雄・菊池恵美子（編著）（2006）職業リハビリテーション学：キャリア発達と社会参加に向けた就労支援体系，協同医書出版社.

（松為信雄）

キャリア発達

▶キャリア形成
▶キャリア開発

1．概念

　発達は、人が環境に適応してより高次の能力を獲得していく生涯にわたる変化の過程であり、誕生から乳幼児期、青年期、成人期、そして老年期の中で、その時期の環境に効果的あるいは有能に相互交渉する能力や態度を形成していく。そうした、社会との相互関係を保ちつつ自分らしい生き方を展望し、実現していく過程がキャリア発達（career development）である。

　社会との相互関係を保つとは、社会における自己の立場に応じた役割を果たすことであり、人は生涯の中での、その時々の自分にとっての重要性や意味に応じて果たしていこうとする。スーパー（Super, D.E.）は「ライフキャリアの虹」で、この過程を生涯における役割（ライフ・ロール）の分化と統合の過程として示している（図）。そこでは、キャリアを「生涯にわたる役割や環境及び出来事との相互作用」として定義し、働くこと（労働者）に限定しないで、人間の生涯を視点に置いた、子ども、学生、余暇人、市民、労働者、家庭人、退職者などのさまざまな役割について、それらの同時的な結合によるライフスタイルと、時間的な経過の中での結合によるライフサイクルによってキャリアの型が構成されるとする。

　キャリア発達は、過去・現在・未来の時間軸の中で、こうしたさまざまな役割を通して社会との相互関係を保ちつつ、自分らしい生き方を展望し、実現していく力を形成してゆく過程である。「ワーク・ライフ・バランス」が働き方の重要な課題となっている現在、この概念図で示されるキャリア発達理論は示唆に富むものだろう。

　「キャリア」の心理学的な解釈に共通する要素は、①個人の行動に関する概念であり、個人と環境との相互作用の結果として個人の経験の積み重ねを意味し、②時間的経過と空間的広がりを内包した概念であるため、支援では「移行」に焦点を当てること、③「個別性」を重視することなどがある。

　また、産業・組織心理学では、career development を「キャリア開発」と表現するのが一般的だが、そこには、生涯にわたって個人がキャリアを発達さ

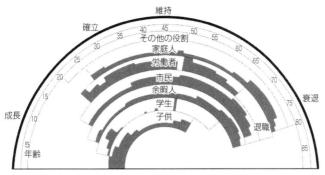

ライフキャリアの虹（文献[1]の改変）

せていく過程と、キャリア支援の実践家に有用な介入行動の双方に焦点を当てている。だが、キャリア開発が個人と組織の両方に意味ある方策となるには、前者のキャリア発達の視点が不可欠となる。

2．障害との関係

　障害があると、誕生時や幼児期の受障が発達過程での種々の学習機会の制限を生じさせる「初期経験の制約」、その後のさまざまな生活経験の制約や失敗経験の積み重ねでキャリア形成に関連した意志決定を回避する傾向を生み出す「意思決定能力の形成」、障害に対する周囲の態度やステレオタイプな反応による「自己概念の形成」などの、キャリア発達にさまざまな影響が及ぶ。

　そのため、特別支援教育では、生徒のキャリア発達で生じる課題を具体的な到達目標として系統的に配列したカリキュラムに基づくキャリア教育が実施されている。また、リハビリテーションの分野でも、時系列的あるいは継続的な支援に向けた基本的な概念として重視され始めている。

　特に、障害のある人が職業生活に参入してそれに適応しながらキャリアを形成する過程を通して、QOL（生活の質）の向上を目指す職業リハビリテーション活動では、個別キャリアの育成を支援することが主要な課題となる。そのため、実際のサービスの在り方は、就職時の職業的な選択に限定しないで、生涯に及ぶキャリア発達を育成するという視点が不可欠となろう。

文　献

1) Super, D.E. (1990) A life-span, life-space approach to career development, Brown, D. & Brooks, L. (Ed.) Career choice and development : applying contemporary theories to practice, 2ed., 197-261, Jossey-Bass.

（松為信雄）

援助付き雇用

▶ジョブコーチ
▶職場適応援助者
▶IPS

1．援助付き雇用の定義と特徴

　援助付き雇用（supported employment）は、米国において1986年にリハビリテーション法改正により誕生した。リハビリテーション法における援助付き雇用の定義は、次の4要素から成る。a）障害が重度のため、これまで一般雇用が困難であった、または就職しても安定した継続が困難であった人。b）フルタイムの仕事、または週平均20時間以上のパートタイムの仕事で、公正労働基準法に基づいて賃金が支払われるもの。c）1つの作業グループで働く障害者は8人を超えてはならない。また障害者が障害をもたない他の従業員と日常的に接触する機会のある環境でなければならない。d）少なくとも月2回、就労継続のために必要な技能訓練が提供される。これには仕事の訓練に加えて、交通機関の利用、身辺介助サービス、家族の相談などが含まれる。

　当初、援助付き雇用では、個別就労（individual placement）、モービルクルー（mobile crew）、エンクレーブ（enclave）、スモールビジネス（small business）等のモデルが提唱されたが、今日では、援助付き雇用は個別就労モデルを指すことが一般的である。以下では個別就労モデルに焦点を絞って説明する。

2．援助付き雇用の方法とプロセス

　援助付き雇用の方法論では、一般にジョブコーチ等と呼ばれる専門職員が、まず障害のある人の特徴を把握してその人に合った職場を見つけ、その職場に出向いて雇用主や従業員との協働で支援を行う。その間、仕事の技術、職場のマナーやコミュニケーション、家族との協力などに関して、就労継続に必要な指導や環境調整を行い、段階的に職場にいる時間を減らしてフォローアップに移行する。それまでの職業リハビリテーションは、職業準備性を重視していたが、評価や訓練に時間をかけ過ぎる、重度障害のある人の職業的可能性を活かし難いなどの問題があった。援助付き雇用は、こうした「レディネスモデル」に対抗する方法論として、「訓練してから就職」から「就職してから訓練」へパラダイム転換をもたらしたと言われる。

援助付き雇用のプロセスは、対象者のアセスメント⇒職場開拓⇒職場環境や仕事のアセスメント⇒対象者と職場環境や仕事とのマッチング⇒職場における集中的支援⇒職場における支援の減少（フェイディング）⇒フォローアップ、が基本となる。そして障害の特徴に応じて、知的障害の場合は、システマティック・インストラクション等の行動理論・学習理論に基づく仕事の教授法が重視され、また精神障害者の場合には、本人の自己選択や保健医療機関との連携を重視したIPS（Individual Placement and Support：個別職業紹介とサポート）モデルが開発されるなど、実践形態は柔軟に変化を遂げてきた。普遍的なポイントは、ジョブコーチ等の専門職員が職場に介入して雇用主や一般従業員の理解と協力を引き出すこと、すなわちナチュラルサポートの形成である。援助付き雇用は、障害のある人だけに直接アプローチする方法論ではなく、障害のある人が働きやすい職場環境を作るため、環境に対してもアプローチする方法論といえる。

3．援助付き雇用のサービス提供体制と専門職員

　米国では、サービスの提供体制は州によって異なるが、援助付き雇用は、基本的には州の職業リハビリテーション機関が全体の運営管理を行う公的サービスである。リハビリテーションカウンセラーが作成した職業リハビリテーション計画のもと、職業リハビリテーション機関と契約したシェルタード・ワークショップ等の民間組織に所属するスタッフが実際のサービス提供を行う。専門職員の一般的な呼称としてはジョブコーチが有名であるが、雇用専門家（employment specialist）のようにプロセス全体を担当するもの、職場開拓員（job developer）や職業指導員（job trainer）のようにプロセスを部分的に担当するものなど、専門知識や技術、担当業務の範囲等によって異なる名称が用いられている。

　今日、援助付き雇用は世界各国において発展しているが、サービス提供体制と専門職員のあり方、財源等については、各国がそれぞれの事情に応じた制度を作っている。わが国では2002年に労働施策のもと、「職場適応援助者（ジョブコーチ）」の制度が創設された。その他、ヨーロッパ諸国、アジア、オセアニア等において、援助付き雇用の理念や方法論を生かした制度が存在し、サービス提供が行われている。

（小川　浩）

職業リハビリテーションの専門職

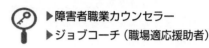

▶障害者職業カウンセラー
▶ジョブコーチ（職場適応援助者）

1．障害者職業カウンセラー

　障害者職業カウンセラーは、職業評価、職業指導、事業主に対する障害者の雇用管理に関する助言・援助、関係機関に対する職業リハビリテーションに関する技術的な助言・援助等の業務を実施する障害者職業センターの職員である。障害者雇用促進法は、独立行政法人高齢・障害・求職者雇用支援機構（以下「機構」）が障害者職業センターに障害者職業カウンセラーを置くこと、障害者職業カウンセラーは厚生労働大臣が指定する試験に合格し厚生労働大臣が指定する講習を修了した者またはその他厚生労働省令で定める資格を有する者と規定している。なお、「厚生労働大臣が指定する試験」とは機構が実施する障害者職業カウンセラーの採用試験、「厚生労働大臣が指定する講習」とは機構が実施する障害者職業カウンセラーの養成研修（期間1年）を指す。また、「その他厚生労働省令で定める資格を有する者」とはハローワークにおいて5年以上障害者の職業紹介に係る事務に従事した経験を有する者かそれと同等以上の経験を有するものと厚生労働大臣が認める者を指す。

2．ジョブコーチ（職場適応援助者）

　ジョブコーチは、障害者が職場に適応できるよう、事業所に出向いて直接支援するとともに、事業所や家族に対しても指導方法の助言や職場環境の改善等の提案を行う者である。障害者雇用促進法は、障害者が職場に適応することを容易にするための援助を行う者を「職場適応援助者」と規定している。職場適応援助者になるためには、機構が行うもしくは厚生労働大臣が定める職場適応援助者養成研修（42時間以上）を修了することが必要である。障害者職業センターに配置されている配置型職場適応援助者、社会福祉法人等に雇用されている訪問型職場適応援助者、民間企業に雇用されている企業在籍型職場適応援助者がある。

3．職業指導官

　職業指導官は、障害者関連業務については、主に障害者の職業紹介業務を担当し、求職者の職業指導・職業紹介・職場定着支援、関係機関との連携等を行

うハローワークの職員である。

４．雇用指導官

雇用指導官は、障害者関連業務については、主に障害者雇用に関連する事業主指導を担当し、障害者雇用率達成指導、障害者の雇用促進の指導等を行うハローワークの職員である。

５．障害者職業生活相談員

障害者雇用促進法では、障害者を５人以上雇用している事業所に障害者職業生活相談員を選任し管轄ハローワークに届けることを義務付けている。障害者職業生活相談員は、障害者の適職の選定、能力の開発、作業環境の整備、労働条件や人間関係、余暇活動などの相談を行う。機構が実施する障害者職業生活相談員資格認定講習修了者であることなどが職業生活相談員の要件である。

６．就業支援担当者（就業支援ワーカー）・生活支援担当者（生活支援ワーカー）

障害者就業・生活支援センターには就業支援担当者と生活支援担当者が配置されている。就業支援担当者は、就業等に関する相談支援、職業準備訓練や職場実習のあっせん、事業主に対する雇用管理に係る助言、関係機関との連絡調整などを行う。要件は特にないが、新任の就業支援担当者には20時間程度の就業支援担当者研修、３年程度の実務経験を有する就業支援担当者には就業支援スキルアップ研修が実施される。

生活支援担当者は、日常生活・社会生活に関する助言、関係機関との連絡調整等を行う。障害者の生活支援に関して相当の経験・知識等を有することが生活支援担当者の要件となる。

７．就労支援員・職業指導員

これらの職種は、障害者総合支援法で規定されている。就労支援員は、就労移行支援事業所において職場開拓、企業内授産の指導等を行う者で要件は特にない。なお、就労支援関係研修修了等により、障害福祉サービスに要する費用の額の算定の加算が行われる。職業指導員は、就労移行支援事業所及び就労継続支援事業所において作業指導等を行う職員で、要件は特にない。

（相澤欽一）

国際労働機関（ILO）

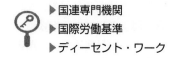
▶国連専門機関
▶国際労働基準
▶ディーセント・ワーク

1．ILO 設立の経緯、目的及び活動

　国際労働機関（International Labour Organization、以下 ILO）は、第一次世界大戦後の1919年に調印されたベルサイユ平和条約に基づいて創設された、国際連盟の姉妹機関として同年設立された。労働・社会問題を専門に扱う ILO の特色は、国際政府機関でありながら、その総会及び理事会等は、政府、労働者及び使用者の代表による三者構成となっていることである。加盟国は、国内の労働行政に関わる審議会等についても同様の三者構成が求められる。

　第二次世界大戦後の1946年、国際連盟にかわり設立された国際連合（以下、国連）と ILO は協定を結び、最初の国連専門機関となった。加盟国は、187 カ国（2019年６月末現在）で、日本は常任理事国（10 カ国）の１つ。

　ILO の中心的な活動は、世界のすべての労働者の労働条件と生活水準の向上を図るための国際労働基準の設定と加盟国におけるその適用の監視、途上国に対する技術協力、及び調査研究・情報提供等である。

2．国際労働基準とその監視の仕組み

　国際労働基準は、条約と勧告という２種類の文書によって構成される。いずれも ILO 総会の３分の２の多数決によって採択される。条約の場合は、加盟国が批准の手続きを完了した時には、法的拘束力を有するものとなることから、関連の国内法等をそれに合わせ、改正すること等が求められる。それに対し、勧告の場合は、批准という行為は伴わず、法的拘束力はなく、加盟国が国内法や労働協約等、自国の状況に適した方法で採用できる。近年は、条約と勧告の二本立てで採択されることが多い。その場合、条約は原則的な規定を内容とし、勧告は条約をさらに詳細に規定するのが通例となっている。

　ILO 総会で採択された条約数（2019年６月末現在）は190、勧告数は206で、そのうち障害者に特化したものは、「障害者の職業リハビリテーション及び雇用に関する条約」（第159号条約、1983年。日本は、1992年に批准）及び同勧告（第168号勧告、1983年）、ならびに「障害者の職業更生に関する勧告」（第99号勧告、1955年）である。これ以外の条約及び勧告でも、障害または障害

者に言及しているものがある。

　国連の国際人権規約（障害者権利条約等）の場合は、加盟国は「解釈宣言」や「留意宣言」、つまり、条件付の批准が認められる。それに対し、ILO条約の場合は、無条件批准が原則となっているが、「国内の事情及び国内慣行に従って」といった条件がつけられることが多い。たとえば、第159号条約の場合、第1条3項、第2条及び第6条にそうした表現が入っている。

　条約適用状況についての監視は、ILO憲章第22条（批准した条約についての年次報告の提出を義務付けられている）に基づき、批准国政府が提出する条約の適用状況に関する年次報告、及びそれについての国内の労使団体のコメントを踏まえて、労働法及び国際法等の法律専門家によって構成される、独立した委員会である、「条約・勧告適用専門家委員会」（ILO理事会により任命される20名の委員から構成）が行う仕組みになっている。この委員会は、法律上の視点から加盟国における条約・勧告の遵守状況を監視し、その結果を毎年報告書として公表する。

３．ディーセント・ワーク（働きがいのある人間らしい仕事）

　ディーセント・ワーク（decent work）は、1999年の第87回ILO総会に提出された事務局長報告において初めて言及されたもので、それは21世紀のILO活動の主目標と位置付けられる。ディーセント・ワーク実現のため4つの戦略目標として、①仕事の創出、②社会的保護の拡充、③社会対話の推進、及び④（障害者をはじめ、不利な立場におかれている人びとの）仕事における権利の保障、が掲げられている（「公正なグローバル化のための社会正義に関するILO宣言」、2008年）。

文　　献

1 ）中山和久（1983）ILO条約と日本（岩波新書），岩波書店.
2 ）オレイリー，A.，松井亮輔（監訳）（2008）ディーセント・ワークへの障害者の権利，国際労働事務局.

（松井亮輔）

多様な就労形態

▶一般就労
▶福祉的就労
▶社会的事業所（ソーシャルファーム）

1．労働力調査における就業形態の分類

　多様な就労形態を考えるには、まず「就労」について考える必要がある。ただし、類似する用語である「就業」との違いについて明確な区別はされず、ほぼ互換可能な用語として用いられているといってよいだろう。そこでまず、総務省の行う「労働力調査」における「就業」を見てみる。同調査では就業の定義や就業形態の分類がされており、就業者は従業者と休業者に分かれ、さらに従業者は「調査週間中に賃金、給料、諸手当、内職収入などの収入を伴う仕事を1時間以上した者。なお、家族従業者は、無給であっても仕事をしたとする」とされている。2018年5月時点で雇用者は5,931万人、自営業・家族従業者は723万人となっている[1]。

2．職リハ・就労支援を念頭に置いた多様な就労形態の分類

　障害者の場合、上記の就業形態に関する分類は必ずしも職業リハビリテーションを理解する上で有用とは限らない。そこで以下、一般就労、福祉的就労、その他に大別し、多様な就労形態を見ていく。

（1）一般就労

　一般就労とは企業や公的機関等で雇用契約を結んで働くことを指す。ただし、後述する就労継続支援A型で働くことは含めない。すなわち、この働き方については最低賃金法など労働関連法規が適用され、当該労働者を使用する事業体は福祉法規の適用は受けていないものである。一般就労には、障害を有していることを雇用主に伝えた上で働く場合や、精神障害など一見障害があることがわからない状態で障害を有していることを雇用主に伝えずに働く場合があり、前者は一般的にはオープン、後者はクローズとも呼ばれる。

　一般就労はまた、雇用期限の定めの有無（無期雇用か有期雇用か）、労働時間（短時間労働：一般的には週の所定労働時間が20時間以上30時間未満。なお、それ以下の労働時間では雇用保険の対象外）、派遣労働者（自己の雇用する労働者を、当該雇用関係の下に、かつ、他人の指揮命令を受けて、当該他人のために労働に従事させる労働者派遣の対象労働者）などの観点でさらに分類

が可能である。在宅勤務（あるいは在宅雇用。企業等と雇用契約を結び主に在宅で業務を行うこと）も一般就労に含まれる。

（２）福祉的就労

福祉的就労とは、社会福祉関連法規に基づいた働き方であり、代表的なものとして障害者総合支援法に基づく就労継続支援（Ａ型、Ｂ型）がある。就労継続支援Ａ型では事業主と労働者は雇用契約を結び最低賃金法等の労働法規の適用がなされるが、労働者を雇用する事業体は福祉関連法規からの規制を受ける。

（３）その他の就労形態

在宅就業（前述の「在宅勤務」ではない）とは、雇用契約を特定の企業とは結んでおらず、企業や在宅就業支援団体から業務を受注し、在宅で仕事を行う形態である。仕事を発注する企業に対して助成金が支給される場合がある。なお、テレワークという概念は、前述の在宅勤務と在宅就業、双方を含む。

ILOの1955年の「障害者の職業更生に関する勧告」では、保護雇用について触れられており、そこでは「雇用市場における通常の競争に耐えられない障害者のため、保護された状態の下で行われる訓練及び雇用のための施設を設けかつ発展させる措置」とされ、わが国には保護雇用は存在しないという見解が一般的である。また、社会的事業所（ソーシャルファーム：social firm）については定まった定義はないものの、たとえば「障害者を含む多様な就労困難者と健常者が対等な立場で就業する事業体」であり「一般就労と福祉的就労以外の就労の場の形成が模索されてきた中での１つの就労形態」とされる[2]。わが国では社会的事業所という事業形態独自の根拠法規はなく、社会的事業所を標榜する事業所でも、実際には社会福祉法人や株式会社といった既存の形態を基に運営されている。

文　献

1 ）総務省統計局（2018）労働力調査（基本集計）平成30年（2018年）５月分（速報），総務省〈http://www.stat.go.jp/data/roudou/sokuhou/tsuki/pdf/201805.pdf〉
2 ）米澤旦（2014）障害者と一般就労者が共に働く「社会的事業所」の意義と課題：共同連を事例として，日本労働研究雑誌，646, 64-75.

（若林　功）

第Ⅱ部
近接領域の法律及び
基本用語

ストレングス

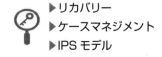

▶リカバリー
▶ケースマネジメント
▶IPS モデル

1．ストレングスとは

　ストレングス（strengths）は、直訳的には「頑強さ」などの「強さ」であるが、対人支援においては「長所」「利点」「魅力」などのことを指す。

　ラップ（Rapp, C.A.）らは、著書[1]の中で、ストレングスの種類として「性質／性格」「技能／才能」「環境のストレングス」「関心／熱望」の４つに分けており、すべての人は目標・才能・自信を持っており、すべての環境には資源・人材・機会が内在していると述べている。そして、生活の場の質は、「願望」「能力」「自信」と「環境の資源」の要素により決定すると語られている。

2．ストレングスモデル

　ストレングスモデルは、ラップらが1982年にカンザス大学で始めた精神障害者に対するケースマネジメントの手法である。「精神障害者はリカバリーし、生活を改善し高めることができる」「焦点は欠陥ではなく個人のストレングスである」「地域を資源のオアシスとしてとらえる」「クライエントこそが支援過程の監督者である」「ワーカーとクライエントの関係性が根本であり本質である」「私たちの仕事の主要な場所は地域である」の６原則から成り、個人や環境における欠陥や問題に焦点を当てるのではなく、その健康的な部分とストレングスに焦点を当て、さらにその問題や欠陥などの弱い部分の中にもストレングスがあると信じ、見出す実践的ケースマネジメントである。その実践のために、時間軸と７領域を持つ「ストレングスアセスメント」「個別リカバリー計画」を持ち、徹底したクライエント中心の考えと実践を支える「グループスーパービジョン」などのツールが整備されている。

　ストレングスモデルはクライエントの願望と支援者の協働を引き出すというエンパワメントの過程を具体化する方法と視点を与えるものであり、エンパワメントの要素（選択肢または選択権、権限、選択肢の認識、及び自信）を強化し、行動を促進するように設計されている。リカバリーとの関係については、ストレングスモデルの実践者においてクライエントに掲げられるビジョンであり、そのようなビジョンがないと実践は成長や目標達成ではなく現状維持に終

始してしまうとされている。

　また、「強み」はよいところだが、「弱み」＝「欠点」というわけではない。ストレングスモデルでは、苦しさや困難な状況を肯定的リフレーミングによって置き換えるのではなく、それぞれが持つ目標・才能・自信や資源・人材・機会、そして経験（苦痛や困難なものも含め）は、その人のリカバリーの文脈としてフレームを変えずに承認される。それに対してリフレーミングは、その一部を切り取り、それらの意味を再定義しなおして、人生の価値を切り下げるものであるとしている。ストレングスモデルとリフレーミングは混同されがちだが、ストレングスモデルは他者視点からの「強み」に見える部分だけに目を向けるのではなく、弱点も含めた本人視点からのその人生をありのままに「価値あるもの」ととらえていくものである。

３．ストレングスモデルとIPS

　IPSモデルは科学的根拠に基づく援助付き雇用であり、ストレングスモデルの中で「就労に向けたストレングスを基盤としたアプローチ」として紹介されている。その内容は①一般就労に焦点を当てる、②利用者の選択による対象者の決定、③敏速な仕事探し、④リハビリテーションと精神保健の統合、⑤利用者の好みに注意を払う、⑥期間に制限のない１人ひとりに合わせた支援である。

文　　献

１）ラップ，C.A. & ゴスチャ，R.J.，田中英樹（監訳）（2014）ストレングスモデル［第3版］，金剛出版.

（本多俊紀）

リカバリー

▶希望
▶エンパワメント
▶自己決定

1．リカバリーの起源

リカバリー（recovery）の起源は、当事者活動（セルフヘルプ運動）との関係性が大きい。リカバリーは、障害や疾病など人生における問題点をポジティブに考え、それを自らの力にすることである。1939年に発表された『アルコホーリック・アノニマス』や1973年に始まったアメリカ「ピープルファースト」運動などによって推進されてきた。

アンソニー（Anthony, W.A.）は、「リカバリーの種は、脱施設化の時代の影響（後遺症）として蒔かれたビジョンである」と述べている[1]。そして、精神保健サービスでは、ユーザー運動の思想である「人として当たり前の権利」や「自己決定」に関連している。さらに米国では1960年代の脱施設化運動や地域精神保健センター設立法の制定によって、地域統合に焦点を当てた精神科リハビリテーションは、これまでの機能的限界を克服するための新たな目標概念としてリカバリーが推進されるようになった。

2．リカバリーの定義

リカバリーは、長期の隔離収容、服薬による副作用、離職や離婚、社会的偏見、貧困、孤立、ホームレスなどによる疾病や障害によって失ったものを自らの手で取り戻す過程であり、希望、誇りを取り戻すことでその人にとって人生の中で新しい意味と目的を作り出すことである。ディーガン（Deegan, P.E.）は、「リカバリーとは１つの過程であり、自分の限界を乗り越える過程である。それは、完全な直線的な過程ではなく、時に進路は気まぐれであり、たじろいだり後ずさりするが、それを立て直し、再出発しながら課題に立ち向かっていく。そして願いは意味ある貢献ができる地域で、生活し、仕事をし、人を愛することである」と述べている[2]。アンソニーは、「リカバリーは、精神医学や精神障害の分野で非常に一般的であるが、今までは精神障害者のリサーチやトレーニングの両面で注目されてきた。精神病または障害からリカバリーをするということは、苦しみが消えたり、症状のすべてがなくなって完全に病気が回復するという意味ではない。疾病の罹患とは関係なくリカバリーはでき、その

人の態度や価値観など人生を変えていく極めて個人的な独自なプロセスである。つまり精神疾患がもたらした破局的な状況を乗り越えて成長し、その人の人生にとって新しい意味と目的へと発展させる」と述べている[1]。日本では、野中は「単に疾病の回復ではなく、人生の回復と考えており、破滅的な状況や繰り返されたトラウマからの回復という全体的な人間性の再獲得が目標となる」[3]、坂本は「リカバリーとは、疾患を抱えたとしても多様で豊かな生き方を求めるものであり、希望が重要なキーワードである」[4]、田中は「エンパワメントが目標であり、その接近方法がストレングスモデルであり、そのプロセスがリカバリーである」[5]と整理している。

3．リカバリーを支える4つの要素

リカバリーには、「希望」「エンパワメント（empowerment）」「自己決定」「生活の中での役割」の4つの要素がある。この4つの要素が当事者の新たな生活に繋がっていく。その1つにピアサポート活動があり、仲間の中で自身の存在意義、役割、そして自分は1人ではないという希望が自己成長へと結びついていく。

文　献

1）Anthony, W.A. (1993) Recovery from mental illness : The guiding vision of the mental health service system in the 1990', Psychosocial Rehabilitation Journal, 16, 4, 11-23.
2）Deegan, P.E. (1988) Recovery : The lived experience of rehabilitation, Psychosocial Rehabilitation Journal, 11, 4, 15.
3）野中猛（2006）精神障害リハビリテーション論，162, 岩崎学術出版社.
4）坂本明子（2010）リカバリーの可能性を広げる場として，精神科臨床サービス，10, 479-481.
5）田中英樹（2010）精神障害者支援の新パラダイム：精神障害者を支える実践と権利擁護，社会福祉研究，109, 20-30.

（行實志都子）

インクルージョン

▶包括的教育
▶包括的社会
▶包括的職場

1．インクルージョンとは

　インクルージョン（inclusion）とは、特別なニーズ、障害の種類・程度にかかわらず、すべての人が分け隔てなく、同じ学校、職場、地域に「含まれていること」を意味する。たとえば、特別支援教育の領域でいうインクルージョンは、特別支援教育と普通教育との境界線をなくした包括的な教育（inclusive education）のことであり、社会福祉の領域であれば、人間のあらゆる差別をなくした包括的な社会（inclusive society）のことである。職業リハビリテーションの領域では、さまざまな職業的障害による雇用差別のない包括的な職場（inclusive workplace）ということになる。インクルージョンの反対語は、エクスクルージョン（exclusion：除外）である。「ゼロ・エクスクルージョン」（除外なし）は、1986年のリハビリテーション法改正で制度化された援助付き雇用における基本概念の1つである。これは、職業リハビリテーションのサービスを、障害の程度に関係なく受給する権利の公平化を徹底するというものであり、インクルージョンを別の言い方で表したものといえる。

2．インクルージョンの変遷と理念

　1970 〜 80年代でインクルージョンが理念として展開されてきた背景には、こうした職業リハビリテーションにおける重度障害者へのサービスの公平化（1973年アメリカにおけるリハビリテーション法と1978年のリハビリテーション法改正）に加え、特別支援教育による法制度化も大きく寄与している。アメリカでは1975年に全障害児教育法が成立し、3歳から21歳のすべての障害児・者の教育をもっとも制約が少ない教育環境で提供することが義務付けられた。一方、日本では1979年に養護学校（現在の特別支援学校）での教育が義務化され、それまで学校教育の機会を失っていた重度重複の障害児がようやく入学できるようになった。こうしたインクルージョン教育は、能力のある特別支援教育の児童・生徒が、教育とはいえないような扱いを受けてきた過去の反省を踏まえて発展してきたもので、「特別」対「普通」という二分化ではなく、教育の「公平性」を強調したものである。このようにインクルージョンという

理念は、学校、職場、地域社会で用いられているが、大切なことは、これらの「場」でそれぞれが完結するものではなく、その人がずっと「含まれ続ける」という連続性を持つ点である。教育は学校で終わるものではなく、地域の責任として継続されるべきである。包括的な教育が包括的な職場に繋がり、包括的な社会を形成していくという考え方がインクルージョンの根底に流れている。

3．国際動向

　知的障害のある人のインクルージョンを世界に向けて発信し続けているインクルージョン・インターナショナルは、インクルーシブ教育を推進するための原則として、「非差別・アクセシビリティ・学習及び指導への柔軟かつ代替的なアプローチによる、特別なニーズに対する配慮・均等な水準・参加・障害関連のニーズを満たすための支援・労働市場に入る準備との関係作り」の7項目を挙げており、地域生活に関わる幅広い視点でインクルージョンをとらえている。職業リハビリテーションに関わる就労対策も7番目に、原則の1つとなっていることがわかる。本来、特別支援教育、職業リハビリテーション、社会福祉は継続した1つの流れとして存在する。いずれの場合も、普通に学ぶ権利、普通に働く権利、普通に生きる権利を再び獲得するという意味では、「復権」というリハビリテーションの理念としてこれらを包括することができる。障害を変えるのではなく、障害となっている環境を変えるという発想は、学校、職場、地域社会でそれぞれ実践化されてきた。すべての人が共に生きることこそが「普通」であり「当たり前」であるというノーマライゼーションの理念、そして、教育の一本化を意味するメインストリーミングの理念を引き継いだインクルージョンは、文字通り「包括的」な概念といえる。インクルージョンには、時代を動かす「運動」としての側面があり、それはリハビリテーションが1つの社会運動であるという見解と同様である。インクルージョンが完全な状態で達成されるのか、あるいは部分的な達成となるかについては議論が続いている。本人にとってそれが真にインクルーシブな環境かどうかを判断するのは周囲や支援者ではない。そうした認識の乖離はどの程度あり、なぜ生じるのか。真に包括的な教育、職場、地域社会とは何か。こうした疑問を探るために、インクルージョンの構成概念を研究する必要がある。

（八重田淳）

ケアマネジメント

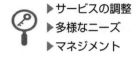

▶サービスの調整
▶多様なニーズ
▶マネジメント

1．定義

　ケアマネジメント（care management）とは、多様なニーズとサービスを必要としている人で、かつ必要なサービスを自ら調整することが困難な人を対象とする援助方法である。この援助方法の名称は「ケースマネジメント（case management）」または「ケアマネジメント」といわれている。「ケースマネジメント」という呼称はアメリカで使われ始め、世界的にはこの呼称が共通用語である。「ケアマネジメント」という呼称はイギリスで公式に使われており、わが国ではこの呼称が主に使われている。この2つの呼称は同義語と考えてよい。

2．内容

　援助の内容は、多様なニーズを充足するために、フォーマル及びインフォーマルな社会資源サービスを調整し、提供すること、同時に、その利用者の支援ネットワークを作ったり、維持したり、展開したりすることである。

　就労支援機関においては、援助対象者のうち、就労以外の支援を不要という人は少なくなっているであろう。生活費、住居、必要な医療、家族関係、地域での孤立、生活自己管理など、多様な問題を同時に抱えている障害者が多く、それらの問題をすべて就労支援機関で解決することは困難である。しかし、これらの問題が解決しなければ職業生活維持に大きく影響してくるため、そのまま放置しておくわけにもいかない。そこで、それぞれの問題に適した社会資源サービスや制度を調整し、結びつけるといったケアマネジメントが必要となるのである。

　このように、さまざまなニーズや問題を解決するために、さまざまな機関や人をつなげ、援助全体をマネジメントすることがケアマネジメントである。地域で生活する障害者は、必要な時にマネジメントしてくれる援助者がいることで生活が成り立つといっても過言ではない。また、社会資源サービスには、医療、保健、福祉、教育、労働などの専門職の他に、ボランティア、家族、障害者本人、地域住民など非専門家もあることを知っておかなければならない。ま

た、地域にない社会資源サービスを新たに作ることも、時には必要となる。

3．援助過程

ケアマネジメントの過程は、①インテーク（受付）→②アセスメント（評価）
→③プランニング（計画作成）→④インターベンション（実施・介入）→⑤モ
ニタリング（追跡）→⑥エバリュエーション（援助の評価）→⑦クローズ（終
結）または再アセスメントとなっている。

これは、職業リハビリテーション（就労支援）やソーシャルワークなどの対
人援助の過程とほぼ同じと考えてよい。

4．強調点や留意点

強調点としては、第1に障害者本人を中心に置き、障害者のニーズや希望を
実現するために協力して援助することが挙げられる。第2に、自分の専門領域
のニーズについては直接援助を行い、専門領域外、または自分の所属する機関
が行う援助内容の範囲外である援助については、他機関の制度やサービスを自
分の援助に組み込む。そして、自分の行う援助と他機関の制度やサービスを調
整して1つの援助パッケージとして構築することが挙げられる。第3には「機
関を超えて」、「一貫性」をもって継続的にサービスを提供することが挙げられ
る。

留意点としては、①就労支援で用いられるケアマネジメントの手法は、介護
保険のケアマネジメントとは違うことを理解しておくこと、②障害に起因する
失敗体験の積み重ねによって失ってしまった、障害者が本来持っている力をケ
アマネジメントを通して取り戻し、力をつけていくことを志向すること、③多
数の援助者が1人の障害者を援助するために援助者主導になりやすいことか
ら、障害者の権利擁護を常に意識することなどがある。

（倉知延章）

障害者基本法

▶共生社会
▶社会的障壁
▶障害者基本計画

1. 障害者基本法とは

　障害者基本法とは、国の各省庁が所管する障害者関連の個別法律の指導を目的とした、障害者施策に関する基本的な法律である。その前身は、1970年に議員立法により成立した心身障害者対策基本法である。精神障害を定義に含め、目的に「障害者は、社会を構成する一員として社会、経済、文化その他あらゆる分野の活動に参加する機会を与えられる」と記し、障害に関して広く国民に理解を求める「障害者の日（12月9日）」を制定するなどの改正を行い、1993年から名称を障害者基本法としている。

　障害者基本法は、2011年に大きな改正が行われている。この改正においては、国連の障害者権利条約の趣旨がある程度反映されている。代表的なものとして「社会モデル」の考え方の導入があり、障害者が日常生活または社会生活において制限をもたらす原因となる社会的障壁（事物、制度、慣行、観念その他一切のもの）について規定している。また、「合理的配慮」の概念が新たに取り入れられている。つまり、「社会的障壁の除去は、それを必要としている障害者が現に存在し、かつ、その実施に伴う負担が過重でない時は、その実施について必要かつ合理的な配慮がされなければならない」とされている。

　以下には、障害者基本法で定められているもののうち、障害の定義と障害者基本計画及び障害者計画について簡単に解説する。

2. 障害の定義

　法律第2条1項において障害者について「身体障害、知的障害、精神障害（発達障害を含む）その他の心身の機能の障害（以下「障害」と総称する）がある者であって、障害及び社会的障壁により継続的に日常生活又は社会生活に相当な制限を受ける状態にあるものをいう」と定義されている。先に触れた社会的障壁以外に、2011年改正において、精神障害の後ろに括弧書きで発達障害が含まれることになった。これにより、1993年の法改正以降、付帯決議として制度の狭間の障害として改善が求められてきた1つのグループ（発達障害）がICD（International Statistical Classification of Diseases and Related

Health Problems：世界保健機関による国際疾病分類）の分類法に従い精神障害の一部として加わっている。

　なお、この障害の定義は、障害者雇用促進法における障害の定義「身体障害、知的障害、精神障害（発達障害を含む）その他の心身の機能の障害（以下「障害」と総称する）があるため、長期にわたり、職業生活に相当の制限を受け、又は職業生活を営むことが著しく困難な者をいう」と異なっていることを、職業リハビリテーション関係者は留意しておく必要がある。

３. 障害者基本計画と障害者計画

　法律第11条において、国は障害者基本計画を、都道府県・市町村は障害者計画を策定することが定められている。国は、障害者基本計画を国会に報告するとともにその要旨を公表しなければならないと定められており、また、内閣府に障害者政策委員会を置き、障害者基本計画の策定に際してその意見を聞き、この計画の実施状況を監視し、必要があると認める時は内閣総理大臣に勧告できることになっている。現在、障害者政策委員会の委員は、さまざまな障害者団体の代表者、障害者支援の各種団体代表者、地方自治体首長、労使代表者、法律家、有識者等により30人で構成されている（2018年6月時点）。

　本稿執筆時点では、第4次障害者基本計画（2018～2022年）に相当する。そこには、①2020年東京パラリンピックも契機として、社会のバリア（社会的障壁）除去をより強力に推進、②障害者権利条約の理念を尊重し、整合性を確保、③障害者差別の解消に向けた取り組みを着実に推進、④着実かつ効果的な実施のための成果目標を充実といった4点が基本的方向として定められており、各論として11の分野で具体的な取り組みが示されている。

　都道府県・市町村についても、国の障害者基本計画を基本に障害者計画を策定し、各議会に報告し、その要旨を公表する必要がある。ただし、各計画の策定等については、国は各省庁の横断的な意見が集まる内閣府が事務とりまとめを行うが、都道府県・市町村では障害保健福祉を主管する部門が事務とりまとめを行うことが一般的である。そして、この部門は、障害者総合支援法等に定められている障害福祉計画・障害児福祉計画（3カ年）の策定も行っている。結果的に、障害者計画は障害福祉計画・障害児福祉計画と一括して策定されており、障害者基本計画と障害者計画の策定期間は異なっているのが現状である。

（志賀利一）

障害者総合支援法

▶自立支援給付
▶障害支援区分
▶サービス等利用計画

1．障害者総合支援法に至る変遷と概要

　障害者総合支援法（障害者の日常生活及び社会生活を総合的に支援するための法律）の原点は、社会福祉基礎構造改革を踏まえて、2003年度に施行された障害者支援費制度である。従来の措置制度から契約制度への転換はなされたものの、精神障害は支援の対象外であった。そのため、障害の種類や地域によるサービス水準の違い等の格差が生じ、それらを解消する目的で、障害者自立支援法が成立し、2006年度より施行された。障害者自立支援法は、身体障害・知的障害・精神障害のサービス体系の一元化や就労支援施策の強化、定率の利用者負担の原則等が特徴であった。就労支援施策においては、従来の授産施設を中心としたサービス体系を、就労移行支援や就労継続支援（Ａ型・Ｂ型）、自立訓練（生活訓練・機能訓練）等に再編することで、より企業就労を目指す体系へと転換した。また、障害福祉制度に初めて導入された定率1割の利用者負担の原則は、地域での自立生活の推進を阻む可能性があるとして、法改正が行われ、2012年度からは応能負担に変更された。その後、改正障害者自立支援法、いわゆる「つなぎ法」を経て、「障害者の日常生活及び社会生活を総合的に支援するための法律」、すなわち障害者総合支援法に改正され、2013年度から施行になった。

　障害者総合支援法における障害者には、身体障害、知的障害、精神障害（発達障害を含む）だけではなく、政令で定める難病等も対象に加えられた。また、障害者自立支援法において支給決定に用いられていた「障害程度区分」は、障害者の多様な特性や心身の状態に応じて必要とされる標準的な支援の度合いを総合的に示す「障害支援区分」に改変された。さらに、個別給付である自立支援給付のみならず、地域の特性を踏まえた地域生活支援事業を加えることで、障害者の地域生活を総合的に支援する体制を整えたといえる。

2．障害福祉サービスの種類と障害支援区分

　障害福祉サービスは、自立支援給付と地域生活支援事業に分かれている（図）。市町村が実施主体である自立支援給付は、介護給付、訓練等給付、自立

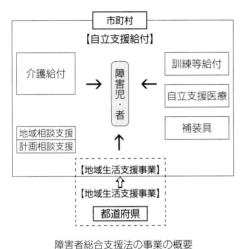

障害者総合支援法の事業の概要

支援医療、補装具、地域相談支援及び計画相談支援の事業を利用した場合に支給される。中でも、訓練等給付には、自立訓練、就労継続支援、就労移行支援及び共同生活援助（グループホーム）が含まれる。そして、2018年度からは自立生活援助と就労定着支援が加えられた。

また、障害福祉サービスの利用を希望する場合、原則として居住地の市町村による支給決定を受けなければならない。なお、介護給付の各サービスの利用を希望する場合には、障害支援区分の認定を受ける必要がある。障害支援区分については、意思疎通等に関する80項目の認定調査を基に、医師の意見書も参考にしながら、市町村審査会にて非該当または区分1～6が決定される。

3．相談支援による障害福祉サービスの利用方法

障害福祉サービスを効果的かつ円滑に提供することを目的に、相談支援の仕組みが構築されている。相談支援の事業には、①医療機関や入所施設から地域生活への移行と継続を支える地域相談支援と、②障害福祉サービスの利用を支える計画相談支援とがある。

特に計画相談支援は、障害者が障害福祉サービスを利用する際に特定相談支援事業所に相談し、サービス等利用計画の作成と見直し（モニタリング）の支援を受ける、サービス利用支援と継続サービス利用支援から構成される。前者は、障害福祉サービスの利用申請後に、障害者の希望する種類や支援量等に関するサービス等利用計画案を作成することである。支給決定後は、サービス担当者会議を経て作成されたサービス等利用計画に基づき、各サービスの提供が開始される。それに対して後者は、利用開始後の一定期間ごとにモニタリングを行い、サービス等利用計画が適切であるかの検証及び見直しを行うものである。

なお、いずれの相談支援を利用する際も、障害者の費用負担は発生しない。

（富田文子）

障害者差別解消法

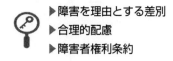

▶障害を理由とする差別
▶合理的配慮
▶障害者権利条約

1. 障害者差別解消法の施行

障害者差別解消法（障害を理由とする差別の解消の推進に関する法律）は、2016年4月から施行された法律である（2013年6月公布）。この法律は、障害者基本法第4条に記されている「何人も、障害者に対して、障害を理由として、差別することその他の権利利益を侵害する行為をしてはならない」と規定されている「差別の禁止」を具体化する法律として位置付けられている。

2. 差別の定義

この法律において差別とは、「不当な差別的取り扱い」と「合理的配慮の不提供」のことである。不当な差別的取り扱いとは、障害のある人と障害のない人とを正当な理由なく区別して扱うことであり、たとえば、障害を理由に入店拒否するなどが相当する。ただし、「不当」については、障害者、事業者、第三者の権利利益及び行政機関等の事務・事業の目的・内容・機能の維持等の観点に鑑み、具体的場面や状況に応じて総合的・客観的に判断することになっている。合理的配慮の不提供とは、障害のある人に合った、必要なやり方や工夫を行わないことであり、たとえば、会議で話が聞き取りやすい座席を要望したが受け入れられなかったなどが相当する。この合理的配慮についても、提供者が「過重な負担」にならない範囲と規定されている。状況に応じて、事務・事業への影響の程度、費用・負担の程度、事業規模などの要素を総合的に考慮して判断することになっている。

障害者差別解消法では、法律の対象となる主な主体に「行政機関」と「事業者」を定めている。個人を対象としたものについては、国民の責務として、「差別の解消の推進に寄与するよう努めなければならない」と記されているのみである。また、この主な主体のうち、雇用されている障害者ならびにその職場については、同時期に改正された障害者雇用促進法の中で差別の禁止等を定めている。次のページの表に、主体と義務についての関係を示す。なお、障害者差別解消法と障害者雇用促進法とでは、合理的配慮の提供に関する義務規定が異なっている（単純に事業者だから合理的配慮は努力義務だと判断してはいけな

義務 ＼ 主体	行政機関	事業者		一般の個人
		（雇用の現場）		
不当な差別的取り扱いの禁止	法的義務	障害者雇用促進法で規定	法的義務	義務規定なし
合理的配慮の提供			努力義務	

い）。

3．相談・紛争解決

「差別を受けた」「差別を受けているかもしれない」と感じた時に相談する仕組みについては、この法律では明確な定めがない。通常、事業所が設置している相談・苦情窓口や行政機関が管轄する部署が相談窓口になると考えられる。ただし、地方公共団体においては、障害者差別解消支援地域協議会を設置し、地域の関係機関のネットワークを構築し、さまざまな相談事例の共有や意見交換を行うことで、差別解消に関するさまざまな課題について協議を行うことになっている。

4．障害者権利条約

2006年の第61回国連総会において「障害者の権利に関する条約（障害者権利条約）」が採択され、2007年に日本もその条約に署名している。この条約は、障害者の人権や基本的自由の享有を確保し、障害者の固有の尊厳の尊重を促進することを目的として定めたものである。わが国は、条約署名後、各種障害団体から、拙速で形式的な条約批准を避けるよう申し入れがあり、障がい者制度改革推進会議を設置するなど、約6年半の時間をかけ、各種国内法の整備を行った後、2014年1月20日に批准書を寄託し、同2月19日から日本でもこの条約の効力が発生することになった。この間に整備した主な国内法には、障害者基本法、障害者総合支援法、障害者雇用促進法等の改正があり、そしてこの障害者差別解消法の成立がある。

（志賀利一）

障害者虐待防止法

▶通報義務
▶市町村虐待防止センター
▶都道府県権利擁護センター

1．障害者虐待防止法の概要

　障害者の虐待防止を目的とする法律として「障害者虐待の防止、障害者の養護者に対する支援等に関する法律（障害者虐待防止法）」が、2011年6月に議員立法により可決、成立し、2012年10月1日から施行された。社会的弱者への虐待防止に関する法律としては、児童虐待防止法、高齢者虐待防止法に続く法整備である。障害者虐待防止法成立の背景には、当時障害者権利条約の日本国内の批准に向けての議論がなされる等、障害者の人権擁護の意識が高まる一方、1990年代から2000年代初期にかけて全国各地で障害者虐待事件が相次いで社会問題化したことが要因として挙げられる。

　障害者虐待防止法の対象は障害者基本法に定める身体障害、知的障害、精神障害等である。本法は家庭（養護者）、就労先（使用者）、福祉現場（福祉施設従事者等）における障害者虐待をメインターゲットにし、虐待として禁止するのは、「身体的虐待」「心理的虐待」「性的虐待」のほか、介護の放棄や必要な医療を受けさせない「ネグレクト」、年金や賃金を搾取する「経済的虐待」の5つである。

　障害者虐待防止法では国と地方自治体には障害者虐待の早期発見の義務を、その他の団体や職員、専門職に早期発見の努力義務を課している。また、虐待発見者に通報義務を課すと同時に、通報者を解雇する等の不利な扱いをすることも禁止した。養護者、福祉施設従事者等による虐待は市町村が通報先であり、使用者による虐待は、市町村か都道府県となっている。通報を受けた側には通報者情報の守秘義務があり、その違反に対する罰則が規定されている。さらに養護者支援のスキームが定められた。障害者虐待防止のための機関としては都道府県には障害者権利擁護センター、市町村には障害者虐待防止センターが設置されている。

2．障害者虐待対応の仕組み

　家庭で発生した障害者虐待については、市町村虐待防止センターが障害者虐待に関する相談や通報を受けた場合、訪問調査を行い、障害者虐待の事実確認

を行う。立ち入り調査により養護者による虐待で障害者の生命や身体に重大な危険が生じているおそれがあることが判明した場合は、障害者福祉施設（入所施設）で保護するなど、必要な支援を行う。また、成年後見制度の活用、障害福祉サービスの利用支援等により、養護者の介護負担の軽減のための相談、指導及び助言等の支援を行う。

障害者福祉施設で発生した障害者虐待については、市町村障害者虐待防止センターが窓口となって相談や通報、届出を受け、市町村と都道府県が連携して対応する。虐待の事実が確認された場合は、市町村と都道府県が障害者総合支援法や社会福祉法に基づき、立入調査や改善命令、勧告、認可（指定）取消などの権限を適切に行使し、障害者の保護や虐待の再発防止を図る。

職場で発生した障害者虐待については、市町村障害者虐待防止センターとともに、都道府県障害者権利擁護センターでも通報や届出を受け付ける。市町村・都道府県は、連携して通報内容の事実確認や障害者の安全確認を行うとともに、速やかに都道府県労働局に報告し、都道府県労働局は都道府県との連携を図りつつ、労働基準法等関係法律の規定による権限を適切に行使することになる。

3. 障害者虐待防止の実際

障害者虐待防止法が施行されてから障害者虐待の通報及び認知件数は増加傾向にある。厚生労働省の調査によると2018年度に養護者による被虐待者数は1,626人、福祉施設従事者等による利用者への虐待は777人（592事業所）、職場で雇い主や上司から虐待を受けた被虐待者数は900人（541事業所）となっている[1]。このように障害者虐待の認知件数が増えつつあるものの、具体的な法律運用等においては依然として課題が多い。障害の特性に対する知識や理解の不足、障害者の人権に対する意識の欠如、障害者を取り巻く生活課題や障害者福祉施設の職員の資質向上、虐待防止体制の整備等が課題となっている。引き続き養護者、使用者の啓発とともに、養護者支援の充実、障害者福祉施設の職員を対象とする研修等による、知識、技術の向上及び組織的な予防システムの構築等が求められる。また、病院や学校等も法律の適用対象にすること、通報者を守る仕組みの構築等障害者虐待防止法改正よる制度・対策の充実とともに、市町村、都道府県の専門職員の確保等による法律の効果的な運用等が求められる。

文　献

1）厚生労働省（2019）平成30年度都道府県・市区町村における障害者虐待事例への対応状況等（調査結果）を公表します〈https://www.mhlw.go.jp/content/12203000/000578653.pdf〉

（金　文　華）

労働関係法規

▶労働基準法
▶最低賃金法
▶労働組合法

1．総論：市民法と社会法

　労働関係法規を理解するにはいくつかの方法がある。本項では、これまでの労働法学が確立してきた法学体系論に沿って説明し、また第二次世界大戦後に展開してきた労働関係法律の歴史的発展段階を追いながら全体像をつかむこととする。

　まずは、明治時代に制定された民法に規定されている雇用契約は、対等な当事者の関係で形成される市民法上の契約であるが、ここでは、雇用者と被用者という概念はあるものの、他の一般的な契約と同様、契約の開始と終了、報酬を定めるのみである。被用者の保護という視点が明確に置かれているわけではなかった。したがってこの段階では、労働者概念も使用者概念も登場してこない。

　賃金を支払って、人を雇い、原則として一定時間、指揮命令関係に置き、他者の労働を活用するというシステムの必要を、立法・行政・司法及び法学の世界が歴史的に認識する時、労働関係法規が登場する。このような法の展開を、市民法とは独自の社会法の形成と呼ぶ。それらの動きは、第二次大戦後、日本国憲法が制定・施行される頃から本格化し、体系化されていくのであるが、ここでは、労働法学が確立してきた3つの柱、つまり「個別的労働関係法」「集団的労働関係法」「労働市場関係法」を軸に解説する。

2．個別的労働関係法

　労働関係法規の基本をなすのは、個別的労働関係である。つまり、事業を営み、人を雇う立場にある「使用者」から賃金を受け取り、その対価として、使用者の指揮命令を受けて働く者を労働者といい、この両者の関係を、労働契約関係と称し、そこから生ずる使用者と労働者の支配従属関係をコントロールしようとするのが、個別的労働関係法だということができる。その根拠が、日本国憲法27条である。

　典型的なのは、労働時間や賃金、就業規則について定める労働基準法（1947年、以下労基法）である。いわば、労働関係の基本を定める法律であるが、時代の変遷とともに、いくつかの詳細な法律に分化していくこととなる。たとえば、最低賃金法（1959年）は、高度経済成長が始まろうとする頃に、労基

法から独立した存在になる（ただし、一定の障害のある労働者については、最低賃金の減額の特例が定められた）。また、高度経済成長がもたらした工場内外における労働災害に対して、その予防策として労働安全衛生法（1972年）が制定されたことも特筆すべきである。次に、低成長期に入って登場した2つの法律、男女雇用機会均等法（1985年）と労働者派遣事業法（1985年）である。均等法は、賃金面だけでなく、当時の女性労働者の地位の向上を目指してのものであるが、労働者派遣は、労基法上の中間搾取の禁止条項に抵触する恐れを含むため、多くの議論が行われた。両方とも、その後、数次の改正を経ている。

さらに、労基法上の妊娠・出産規定をさらに展開していったのが、育児休業法（1991年）であるが、少子・高齢化の問題を背景に育児・介護休業法（1995年）となり、これも数次の改定を経て進展している。

最後に、労働関係の根幹となるのが、労働契約であるが、これを規律する法律は、労働契約法（2007年）である。これに関連して、短時間労働法（いわゆるパート労働法）が1993年に制定されていたが、労働契約法と関連して、21世紀に入り数次の改正をしている。

３．集団的労働関係法

弱い立場にある労働者を、使用者と実質的に対等な立場に立たせて、団結し、交渉し、労働協約を結ぶ権限を与えているのが労働組合法（旧労働組合法制定は1945年、1949年に現行法に改正）である。日本国憲法28条に根拠がある。

使用者が組合の結成を妨害したり、活動を抑止したり、潰したりすることを禁止し、また労働組合の団体交渉に応諾する義務を課している。これらに違反した時、不当労働行為と呼ばれ、労働委員会での審査の対象となり、改善命令等一定の対応策が打ち出されることもある。もちろん障害のある労働者も、労働組合員となりうる。

４．労働市場関係法

使用者と労働者の仲介は、第二次大戦前、一部の公営職業紹介所を除いて民間事業者が担っていた。1947年に職業安定法が制定され、同法を根拠に公共職業安定所が設置された。同じ年、失業保険法が制定され、失業者への給付が始まる。これが現在の雇用保険法（1974年）に引き継がれている。また、雇用市場への障害者参入を目指すという意味では、障害者雇用促進法もまた、この分野の法律である。

文　献

1）朝倉むつ子ら（2017）労働法，有斐閣.
2）浜村彰ら（2016）ベーシック労働法，有斐閣.

（大曽根寛）

雇用保険

▶雇用安定事業
▶能力開発事業
▶失業等給付

1．目的

　雇用保険制度は、労働者が失業した場合に、第1のセーフティネット（第2のセーフティネットは求職者支援制度及び生活困窮者自立支援制度で、最後のセーフティネットは生活保護制度である）として、その生活の安定と早期再就職の促進のために、給付を行うものである。また、失業の予防、雇用状態の是正及び雇用機会の増大、労働者の能力の開発及び向上その他労働者の福祉の増進を図るための雇用安定事業と能力開発事業も実施している。

2．特徴

　特徴には主な2つの点がある。まず1つ目に雇用保険の保険事故である失業の発生は、個々の企業や労働者の行動だけでなく、わが国経済社会全体の動きからの影響を大きく受ける。このため、国が全国ネットワークによる強制加入の社会保険制度として実施し、保険集団を大きくしてリスクの分散を図ることにより、事業を安定的に運営している。

　2つ目には保険事故たる失業状態の判断においては、「労働の意思」という外形的把握が困難な要件について判定する必要があり、ハローワークでの職業紹介と一体的に運営することにより、支給決定の際に実際の求職活動実績を確認することを通じて適正な支給を確保している。

3．失業等給付の種類等

　雇用保険の失業等給付には、失業された方が、安定した生活を送りつつ、1日も早く再就職できるよう求職活動を支援するための給付として「求職者給付」、早期再就職者への給付である「就職促進給付」、育児休業等により雇用を継続する方への給付である「雇用継続給付」、自主的教育訓練受講者への給付である「教育訓練給付」がある。

　まず、「求職者給付」には一般被保険者に対する「基本手当」（いわゆる失業手当）などがもっとも代表的である。これは一般被保険者が離職し、労働の意思及び能力を有するにもかかわらず職業に就くことができない状態である場合で、離職の日以前2年間に、被保険者期間が通算して12カ月以上（倒産・解

雇により離職した者等については、離職の日以前1年間に被保険者期間が通算して6カ月以上）ある時が支給要件である。保険給付内容は、基本手当日額（原則、離職前6カ月の賃金を平均して得た賃金日額に給付率（50〜80%）を乗じた額）を、所定給付日数（被保険者期間、離職理由等に応じて90〜360日）の範囲で支給される。

　次に、「就職促進給付」の代表的な「再就職手当」については、雇用保険の受給手続きをした後、所定給付日数の3分の1以上を残して、安定した職業（1年を超えて引き続き雇用されることが確実と認められること）に就いた等の一定の要件を満たした時に、基本手当日額（再就職手当に係る上限額あり）に支給残日数と給付率（60%または70%）を乗じた額を、一時金として支給される。

　また、「雇用継続給付」には被保険者が1歳に満たない子を養育するための育児休業を取得した時の「育児休業給付」などがあり、この給付は休業開始時の賃金月額に支給率（67%）を乗じた額（休業開始から6カ月経過後は、休業開始時賃金月額に支給率（50%）を乗じた額）が支給される。

　他に60歳以上65歳未満の被保険者が原則として60歳時点に比べて賃金が75%未満の賃金に低下した時等の「高年齢雇用継続給付」などもある。

　最後に「教育訓練給付」については、働く人の主体的な能力開発の取り組みを支援し、雇用の安定と再就職の促進を目的とする給付制度で「一般教育訓練給付金」「専門実践教育訓練給付金」「特定一般教育訓練給付金」がある。

文　　献

1）厚生労働省職業安定局，ハローワークインターネットサービス：雇用保険の手続きのご案内〈https://www.hellowork.go.jp/insurance/insurance_guide.html〉
2）厚生労働省職業安定局（2019）公共職業安定所（ハローワーク）の主な取組と実績　平成31年1月，厚生労働省.

（寺山　昇）

労災保険

▶災害認定
▶保険給付

1．総論：補償と保険

　一般に労災保険といわれる用語は、労働者災害補償保険法による制度の略語と考えてよい。この法律は、1947年に、労働基準法（以下、労基法）の制定とほぼ同時に制定されたものであり、労働法規の中では古い歴史を持つとともに、過労死・過労自殺などの現代的な問題を考える上での不可欠の素材でもある。1947年の立法当初は、労基法第8章が「災害補償」制度の基本を規定するとともに、労災保険法が、その補償のための保険制度を詳細に規定していた。まず、労基法は、労働者が業務上負傷し、または疾病にかかった場合において、使用者は、過失の有無にかかわらず、療養補償、休業補償、障害補償、遺族補償、葬祭料の支払いをしなければならないとし、「業務上」生じた事由によって、負傷・疾病（あわせて傷病という）から起きた費用を補償すべきであるとした。労働者に使用者側の過失の立証を求めない、いわゆる「無過失責任制度」である。この点で、民法に基づく損害賠償請求（故意・過失責任の立証が必要）とは異なり、労働者保護のための社会法としての本質を有する。ただし、使用者には、上記の補償を一度に支払う資金的なゆとりがなく、実質的には無補償となってしまうこともあるだろう。そこで、政府が管理する社会保険の一種としての労働者災害補償のための保険制度を構築し、各種の補償をする必要があったのである。したがって、労基法第8章と労災保険は、兄弟関係にある制度と理解してよいが、その後の時代の進展にあわせて、労災保険は、独自の道を歩み始めることとなる。

2．社会保険としての労災保険

　実務上、雇用保険と労災保険を合わせて、「労働保険」ということがある。医療保険や年金保険も社会保険であるが、労働者を含めつつ、究極的には全国民を対象とする制度である。しかし、雇用保険と労災保険は、労働者という対象を基本的なターゲットとして想定し、社会保障であるとともに、労働法にも位置付けられるという特色がある。そこで、この労災保険が社会保険としての構造を持っている以上、保険関係が形成されている。すなわち、保険の管理者

として責任を有するのは政府とされており、保険者という位置に立つ。したがって、保険料の徴収と保険給付の権限を持つことになる。これに対して労働者は、雇用される限り被保険者という位置になる。保険事故が生じた時、給付を受ける権利があるわけである。さらに、労働者を雇用する事業主は、保険加入者として保険料を保険者である政府に支払う義務がある。これを強制されているところに、社会連帯に基づく社会保険としての真髄があるわけである。

3．労災保険による給付

保険事故としての「業務上の傷病」が認定されると、次のような保険給付が予定されている。

①傷病が治癒するまで現物で給付される「療養補償給付」

②被災労働者の平均賃金を基礎に計算される「休業補償給付」

③傷病の治療が続いている間、一定期間給付される「傷病補償年金」

④一定の障害が固定した時に給付される「障害補償給付」

⑤被災労働者が死亡した時に遺族に給付される「遺族補償給付」

⑥被災労働者が死亡した時に一時金として支給される「葬祭料」

⑦要介護の状態になった時の必要に応える「介護補償給付」

これらは、事業主の責任の程度とか、被災労働者の職位・職階というものを超えて、現実的な必要に応え、生活を保障するという視点に立った給付に変貌してきている。また、1973年の法改正では、「通勤災害給付」の制度が導入され、業務の遂行過程で生じた災害ではなく、通勤の往復途中で起きた傷病についても給付が行われるようになった。これに関しても、その後の改正や裁判例、行政解釈により、「通勤」概念が次第に拡大することとなった。つまり、社会保障的な側面の現われである。

4．職業病と労災

通常、労働災害というと、何らかの「事故」が原因で生じると考えるであろう。しかし、「災害性」の傷病ではなく、長期間一定の業務に従事していた結果として生じる「職業性の疾病」がある。「じん肺」がその典型である。最近では、精神的な疾患の発症も考慮しなければならない時代となっている。そのような時代状況において、過労死や過労自殺が増加するという社会現象は、労働災害に関する焦眉の課題である。この課題に応えるために、2014年、「過労死等防止対策推進法」が議員立法で成立している。

文　献

1 ）保原喜志夫ら編（1998）労災保険・安全衛生のすべて，有斐閣.
2 ）森井博子ら（2012）The 検証!! 労働災害事件ファイル，労働調査会.

（大曽根寛）

職業能力開発促進法

▶障害者職業能力開発校
▶障害者の多様なニーズに対応した委託訓練

1．職業能力開発促進法の概要

　職業能力開発促進法は、1985年に「職業訓練法」から名が改められたものであり、障害者も含めた職業能力開発について定めている。法律の概要は、厚生労働大臣が策定するものとされる「職業能力開発計画」、国及び都道府県による職業能力開発促進の措置、職業訓練指導員、キャリアコンサルタント等の「職業能力開発の促進」、厚生労働省令で定める職種ごとに、厚生労働省令で定める等級に区分して行う「職業能力検定」等となっている。

2．職業リハビリテーションに関係する職業能力開発制度の概要

　職業能力開発促進法に基づく職業能力開発施策は上記の通りであるが、職業リハビリテーションとの関連からさらに施策を見ていく。

（1）職業能力開発の促進

　「職業能力開発の促進」に関しては、障害者を対象とした訓練と、障害の有無にかかわらず離職者や学卒者を対象とした訓練とに分けられるが、精神障害や発達障害等の障害の開示・非開示や障害者本人の障害受容等への関心が高まっている現在の状況からは、双方に目を向ける必要がある。

　障害者に限定した場合の職業能力開発施策としては、「一般の職業能力開発校への障害者の入校促進」「障害者職業能力開発校の設置・運営」「障害者の多様なニーズに対応した委託訓練（以下、多様な委託訓練)」「地域における障害者職業能力開発促進事業」の4つが、厚生労働省職業能力開発局（2011）では挙げられている[1]。なお、障害者職業訓練の受講者数は2018年度では計5,676人であり、内訳は障害者職業能力開発校における職業訓練1,740人、一般校における障害者職業訓練653人、多様な委託訓練3,283人となっており、多様な委託訓練がもっとも多い状況となっている。また受講修了者のうち、施設内訓練では約7割、委託訓練では約5割の就職率となっている[2]。

　「一般の職業能力開発校への障害者の入校促進」には2つの施策が含まれ、1つは一般の公共職業能力開発施設でのバリアフリー化を推進して障害のある訓練生の入校の促進である。もう1つは知的障害者等を対象とした訓練コース

を一般の職業能力開発校に設置し、職業訓練の機会を提供することである。

「障害者職業能力開発校の設置・運営」については、障害者職業能力開発校が国立で13校、都道府県立で5校の計18校が全国に設置されている。国立の13校のうち2校は独立行政法人高齢・障害・求職者雇用支援機構に、11校は都道府県に運営が委託されている。

「多様な委託訓練」は、国が都道府県と訓練に係る委託契約を結び、都道府県が事業の実施主体となり、企業、社会福祉法人、NPO法人、民間教育訓練機関等を委託訓練先として活用し、障害者の住む身近な地域で訓練を実施するものである。そのタイプとしては、①知識・技能習得コース（就職に必要な知識・技能の習得を図るため、民間教育訓練機関等を委託先として実施するコース）、②実践能力習得訓練コース（実践的な職業能力の開発・向上を図るため、企業等を委託先として事業所現場を活用して実施するコース）、③e-ラーニングコース（施設への通所が困難な障害者等を対象に在宅IT技能等の習得を図るため、インターネットを利用して実施するコース）、④特別支援学校早期訓練（特別支援学校高等部等に在籍する生徒を対象に実践的な職業能力の開発・向上を図るため、企業等を委託先として事業所現場を活用して実施するコース）、⑤在職者訓練コース（在職中の障害者を対象として、雇用継続に資する知識・技能を付与するコース）がある。

（2）職業能力検定等

職業能力開発促進法には職業能力検定について規定されているものの、障害者に限った職業能力検定制度はない。ただし、障害者の職業能力について競技会などを通じて向上・啓発する取り組みが行われており、障害者技能五輪（通称：アビリンピック）（根拠法は障害者雇用促進法）はその代表的なものである。

文　献
1）厚生労働省職業能力開発局（2011）障害者職業能力開発施策の概要〈http://www.mhlw.go.jp/stf/shingi/2r9852000001wjus.html〉
2）厚生労働省障害者職業訓練実施状況（2019）

（若林　功）

Ⅱ 近接領域の法律及び基本用語

障害者手帳制度

▶身体障害者手帳
▶療育手帳
▶精神障害者保健福祉手帳

1．わが国の障害者手帳制度

　わが国において障害のある人が取得できる手帳には、身体障害者手帳、療育手帳及び精神障害者保健福祉手帳があり、これらを総称して障害者手帳と呼ぶ。障害者手帳の交付申請は、区市町村の障害福祉担当窓口を通じて行う。障害者手帳を取得すると、さまざまな福祉サービスや税金の減額・免除、公共交通機関の運賃割引、公共施設の利用料金割引、NHK 受信料の免除など、自治体ごとに定められた支援策を受けることができる。また、障害者手帳を取得している人は障害者法定雇用率制度の算定対象となる（2018年4月1日から、身体障害者手帳の所持者及び療育手帳の所持者に加えて、精神障害者保健福祉手帳の所持者も実雇用率の算定対象となった）。障害者手帳の等級は雇用対策上の重度障害者であることの確認に用いられるが、実際の職務遂行能力とは必ずしも連動していないため、留意が必要である。

　（1）身体障害者手帳

　身体障害者福祉法に基づき、都道府県知事、政令指定都市市長または中核市市長が交付する手帳である。対象となる障害には、視覚障害、聴覚または平衡機能の障害、音声機能・言語機能またはそしゃく機能の障害、肢体不自由、内部障害などがあり、いずれも一定以上永続することが要件とされている。高次脳機能障害で麻痺や失語症などの身体障害のある人も交付対象になる。

　身体障害者手帳の等級は、身体障害者福祉法施行規則別表第5号「身体障害者障害程度等級表」において、最重度の1級から6級まで定められている。7級は肢体不自由についてのみ基準が設けられているが、7級の障害は単独では交付対象とならず、7級の障害が2つ以上重複する場合などに上位6級として認定される。雇用対策上の重度障害に該当するのは、等級が1級、2級及び等級が3級に該当する障害を2つ以上重複して有する人である。

　（2）療育手帳

　知的障害者福祉法には、知的障害の定義が規定されていない。療育手帳は、厚生省（当時）から都道府県知事・各指定都市市長あてに通知された「療育手

帳制度の実施について」(1973年)に基づき、都道府県知事、政令指定都市市長または中核市市長が知的障害者に対して交付する手帳である。手帳の名称は「療育手帳」であるが、別名を併記することは差し支えないとされているため、東京都の「愛の手帳」、名古屋市の「愛護手帳」、埼玉県の「緑の手帳」など、異なる名称で呼ぶ自治体もある。

　障害の程度は、知能指数や、身辺処理、移動、コミュニケーションなどの日常生活動作を総合的に判断して認定される。18歳以上の場合、日常生活において常時介護を要する程度のものを重度のA区分とし、A以外の程度のものをB区分としているが、最重度、重度、中度、軽度など、4段階で細かく区分している自治体もある。18歳未満は児童相談所、18歳以上は知的障害者更生相談所で判定を受ける。雇用対策上の重度障害者に該当するのは、療育手帳の程度が「A」または地域障害者職業センターで「重度知的障害者」と判定された人である。

（3）精神障害者保健福祉手帳

　精神障害者保健福祉法に基づき、都道府県知事、政令指定都市市長または中核市市長が交付する手帳である。手帳の有効期限は2年間であり、2年ごとに都道府県知事などの認定を受ける必要がある。対象となる疾患には、統合失調症、気分障害、てんかん、薬物やアルコールによる急性中毒またはその依存症などがあり、高次脳機能障害や発達障害も対象に含める自治体が多い。

　精神障害者保健福祉手帳の等級は、重度のものから順に1級（日常生活の用を弁ずることを不能ならしめる程度のもの）、2級（日常生活が著しい制限を受けるか、または日常生活に著しい制限を加えることを必要とする程度のもの）、3級（日常生活もしくは社会生活が制限を受けるか、または日常生活もしくは社会生活に制限を加えることを必要とする程度のもの）からなる。都道府県などの精神保健福祉センターにおいて、精神疾患の状態及びそれに伴う生活能力障害の状態の両面から総合的な判定が行われている。

（石原まほろ）

特別支援教育

▶進路指導
▶キャリア教育
▶就労移行支援

1．特別支援教育への転換と動向

　2007年に特殊教育から特別支援教育に転換されたことによって、従来の障害種に加えて通常教育に在籍している発達障害のある幼児児童生徒もその教育対象として位置付けられた。現在は、母国語の違いや貧困等の多様な教育的ニーズにある児童生徒もその教育対象として考えられてきており、特別支援教育は、共生社会を構築するための教育システムとしての役割が期待されている。対象となる幼児児童生徒は、2007年以降、右肩上がりに増加しており、その傾向は、幼児教育から高等教育段階まで一貫して同様の傾向にある。義務教育段階においては、特別支援教育の対象となる児童生徒の数は、この10年で約2倍に増加している。こうした事態を受け、2018年からは後期中等教育における特別支援教育の充実を図るために「高等学校における『通級による指導』」が実施された。

2．後期中等教育期における特別支援教育とキャリア教育及び職業教育、進路指導、就労移行支援の位置付け

　高等学校において「通級による指導」が開始されたことは先述したが、特別支援教育に転換以降、特別支援学校の高等部（以下、高等部）の在籍生徒数は増加が顕著である。特別支援学校を卒業した生徒の就職率は、全国平均で30.1％（2017年3月時点）であり、その就職率は障害種や地域間で大きく異なる。

　特別支援教育のねらいは、障害のある生徒の自立と社会参加であり、卒業後の生徒の職業的自立を目指す取り組みは後期中等教育期における重要な課題となっている。特別支援教育において生徒の職業的自立を目指す取り組みは、特殊教育時代から職業教育、進路指導、就労支援、キャリア教育といった名称で行われてきている。

　キャリア教育の概念が導入されてから、特別支援学校では、幼稚部から高等部までの系統的なキャリア教育の実施が求められている。職業教育は一定または特定の職業に従事するために必要な知識、技能、能力や態度を育成することを目的とするのに対して、キャリア教育は、社会的・職業的自立に向け、基盤

となる能力や態度を育成することを目的とする。よってキャリア教育は、幼児期からの系統的な経験や学習を通して、「コミュニケーション能力」「熱意・意欲」「行動力・実行力」など基礎的・汎用的な能力や価値観の醸成をしていく。特別支援学校の中学部や高等部、高等学校の時期になると職業教育として、産業現場における職業見学や１週間から２週間程度の職場実習などを通じて、専門的技能の獲得を段階的に促したり、より実践力につながるスキル獲得を目指す指導がなされている。進路指導は、こうした自身の卒業後の進路を考える一連の学習活動であり、体験的な学習の振り返りなども含めて自身の進路選択をしていくために中学部及び高等部、高等学校から実施されている。特に卒業後に企業や事業所への就職を目指す生徒には、就労移行支援として、就職先の選定のための職場実習や関係機関と連携して、安定した職業的自立を実現するために必要な環境整備が行われている。この連携では、その生徒のニーズに応じて地域の障害者就業・生活支援センターや就労移行支援事業所、就労継続支援事業Ａ型・Ｂ型、福祉行政、医療機関、リハビリテーション機関等などが参加して、移行支援会議が実施される。特別支援学校では、個々の生徒に高等部在学の３年間と卒業後の３年間を対象期間として個別の移行支援計画が作成される。

３．特別支援教育における就労移行支援の取り組みと課題

　特別支援教育における就労移行支援の課題には、地域の特性によってもその様相が大きく異なるが、生徒の適切な職業評価の実施や模擬的就業体験となる現場実習や企業実習の不足、生徒の支援ニーズに応じた関係機関との柔軟な連携体制の構築、卒業後の職場定着支援の充実に関する課題、これらを担う教員の専門性の課題など幅広い課題がある。特に就労移行支援の中心を担う進路指導担当教員は、校務分掌で任命されており、その専門性の担保についてはサポートシステムが十分でない現状がある。そのため該当教員は、自己研鑽や自助努力によってその専門性を高め、生徒の卒業後を充実させるために尽力している。生徒の円滑な就労移行を実現するためには、早期から関係機関と連携は必須であり、教育、福祉、行政、医療機関、職業リハビリテーション機関やNPO法人等含め横断的に地域の中のサポート体制を構築する必要がある。

文　　献
１）中央教育審議会（2011）今後の学校におけるキャリア教育・職業教育の在り方について（答申）平成23年１月31日，文部科学省．
２）文部科学省（2018）特別支援教育資料（平成29年度）第１部集計編，文部科学省．

（山口（藤井）明日香）

障害者雇用促進法等に関わる基本用語

障害者雇用促進法

▶ILO 条約
▶社会連帯
▶雇用義務

1．総論

　本項のタイトルである「障害者雇用促進法」は、正確には、「障害者の雇用の促進等に関する法律」と呼ばれる法律のことであり、一般には標記のように略称されている。この法律の淵源は、1960年に制定された「身体障害者雇用促進法」（昭和35年法律第123号）にあり、その後、何度も改正を経ながら、現行法の形となった（本項執筆時点における最終改正法公布は、2017年6月2日であり、その施行は、2018年4月1日である）。この法律は、労働関係法規の中では、労働市場関係法制に属すると位置付けられ、障害のある方々の雇用を促進し、保障するための重要な法律である。

2．障害者雇用促進法の構造

　ここでは、まず現行法の構造を、本法の条文や章立てを手がかりとしながら分析しておこう。本法は、以下の章構成に基づく91条の条文からなり、枝番の条項を数えると100条を超える大型の法律である。

　第一章、総則（第1条–第7条）

　第二章、職業リハビリテーションの推進（第8条–第33条）

　第二章の二、障害者に対する差別の禁止等（第34条–第36条の6）

　第三章、対象障害者の雇用義務等に基づく雇用の促進等（第37条–第74条の3）

　第三章の二、紛争の解決（第74条の4–第74条の8）

　第四章、雑則（第75条–第85条の3）

　第五章、罰則（第85条の4–第91条）

　第一章は、総則であるから、法の目的や基本的理念、用語の定義、国・自治体の責務、事業主の責務等を規定している。また、第四章は雑則であり、第五章は、罰則を規定するので、これも一般的な法律の構成にならっていると考えてよい。そこで、本法の軸となるのは、目的・基本的理念以外は、以下の3点である。

　第1の柱は、「職業リハビリテーションの推進」であり、職業リハビリテーション学会の設立・活動と深い関わりを持っている。具体的には、障害者及び

事業主への助言・指導、職業紹介、訓練等の活動の法的根拠を示し、また障害者職業センター、障害者就業・生活支援センターなどの意義を規定している。第2の柱は、「対象障害者の雇用義務等に基づく雇用の促進等」であり、社会連帯の理念を根拠に、事業主に対する、障害者の法的な雇用義務と雇用率に関する事項を定め、障害者雇用納付金制度や障害者雇用調整金の支給制度などに関する規定を持つ。これに対し、第3の柱は、2013年の改正によって加えられたものであり、雇用分野における、障害者に対する差別の禁止・合理的配慮の提供について定め（第二章の二）、また差別等に関する紛争の調整に関することがらを定める（第三章の二）ものである。

3．法の発展の歴史

ただし、これらの法体系が一度に出来上がったわけではなく、半世紀以上の歴史的な背景があることを承知しておく必要がある。

1960年の身体障害者雇用促進法の制定を、第Ⅰ期＝1960年代〜70年代前半（高度経済成長期）とすれば、1976年の法改正による、努力義務から、法律上の雇用義務規定への転換は、画期的なものであり、第Ⅱ期とも言うことができる。その後、1987年の改正は、国際障害者年（1981年）及び「国連・障害者の10年」の動きを背景に、ILOにおいて、1983年に採択された「障害者の職業リハビリテーション及び雇用に関する条約」（ILO第159号条約）を反映した立法とも評価することができる。第Ⅲ期ということになるだろう（法律のタイトルから、身体が削除された点にも注意）。さらに、1990年代における構造改革とグローバリゼーションへの準備期において成立したのが、1997年改正（知的障害者の雇用義務化等）であり、その後の逐次の改定も含めて、2000年代初頭までを第Ⅳ期と呼ぶことができる。そして最後に、障害者権利条約（2006年採択）の署名・批准と連動して改定されたのが、2011年の障害者基本法改正であり、2013年の障害者差別解消法の制定であったのだが、その趣旨を、雇用分野の面で実現しようとするのが、本法の2013年改正（2016年実施）であった。これ以降、差別禁止と合理的配慮の提供が議論の焦点となり、今や、ようやく現実化しつつある。これを第Ⅴ期ということができるだろう。

文　献

1）永野仁美ら（2016）詳説障害者雇用促進法，弘文堂．
2）中川純ら（2015）障害法，成文堂．

（大曽根寛）

差別禁止と合理的配慮の提供

▶平成25年改正障害者雇用促進法
▶苦情・紛争解決
▶障害者虐待防止法

1．差別禁止と障害者雇用促進法

　障害者の差別を禁止することを目的とした法律として、障害者差別解消法がある。ただし、雇用されている障害者ならびにその職場については、同時期に改正（2013年6月）、施行（2016年4月）された障害者雇用促進法の中で差別の禁止等を定めている。

　障害者雇用促進法において、第34条〜第36条に差別の禁止が定められている。そこには、事業主に対して、募集・採用時、採用後の待遇について、障害のあることを理由として不当な差別的取り扱いの禁止、ならびに過重な負担を及ぼさない範囲で、障害者が職場で働くにあたっての支障を改善するための合理的配慮を講することを義務付けている。障害者差別解消法においては、「事業者」は合理的配慮について「配慮をするように努めなければならない」と努力義務としているが、雇用促進法において「事業主」は「必要な措置を講じなければならない」と提供義務と定めている。

　そして、差別や合理的配慮不提供に関する苦情や紛争解決として、事業主等に対して自主的に解決するための努力義務を、都道府県に対して紛争解決の仕組みの整備を求めている。また、厚生労働大臣は、事業主が上記の事項について適切に対処するための指針を定めるとしており、2015年3月に「障害者差別禁止指針」と「合理的配慮指針」を策定・公示しており、必要があると認めれば、事業主に対して助言、指導または勧告することができるとしている。

2．指針

　障害者差別禁止指針は、差別禁止の具体的な措置として、14項目に分けて障害を理由とした差別の禁止事項を示している（①募集及び採用、②賃金、③配置（業務の配分及び権限の付与を含む）、④昇進、⑤降格、⑥教育訓練、⑦福利厚生、⑧職種の変更、⑨雇用形態の変更、⑩退職の勧奨、⑪定年、⑫解雇、⑬労働契約の更新、⑭法違反とならない場合）。また、合理的配慮指針において、合理的配慮の基本的な考え方を「障害者と事業主の相互理解の中で提供されるべき性質のもの」と位置付け、「合理的配慮の手続き」「合理的配慮の

内容」「過重な負担」「相談体制の整備等」合理的配慮を提供する上での手続き上の留意点が整理されている。相互理解を前提とするため、障害者差別解消法においては、障害者からの「意思の表明があった場合」と定められているが、この指針では、事業主に「必要に応じて定期的に職場において支障となる事情の有無を確認する」ことが求められている。

３．苦情・紛争解決

　障害者差別に関する苦情や紛争解決は、事業主が自主的に苦情処理機関を活用し解決を図る努力をするとともに、「個別労働関係紛争の解決の促進に関する法律」に則った解決を図るとされている。ただし、同法の紛争解決のうち、「紛争調整委員会にあっせんを行わせる」「労働問題に関し専門的知識を有する者の意見を聴く」ことは除外されている。都道府県単位で、どのような苦情・紛争解決を図るかは、実情に合わせ検討を行っていく必要がある。

　なお、苦情の紛争解決については、障害を理由とした差別ではないが、類似した仕組みが存在する。

　たとえば、雇用の場における嫌がらせ・いじめ等に対する特別な対策を行っている企業等は多い。職務上の地位や人間関係などの職場内の優位性を背景に、業務の適正な範囲を超えて、精神的・身体的苦痛を与える、または職場環境を悪化させる、いわゆるパワーハラスメントの相談や対策を行っている企業が多い（2016年度職場のパワーハラスメントに関する実態調査では73.4％の企業が社内の相談窓口ないし外部機関のホットライン契約等を行っている）。パワーハラスメントに関する法律上の定義は存在しないが、厚生労働省ではその対策全般に関して、「あかるい職場応援団」のWEBページ・Twitter・Facebookを開設・運用しており、広く啓発を行っている。同様に、セクシャルハラスメントについてもさまざまな広報・啓発が行われている。

　苦情・紛争解決とはいわないが、障害者虐待防止法において、使用者虐待の定義がなされている。この法律でいう使用者とは、事業主だけでなく職場において職務指示を行うすべての者を含む。また、虐待とは、暴力を振るう等の身体的虐待だけでなく、暴言や不適切な発言で障害者が気分を害する（心理的虐待）、過剰あるいは過小の業務指示を行う（放棄・放置）等も含まれる。虐待防止法については、すべての国民が、そのような行為を受けている障害者を見つけた場合、市町村（虐待防止センター等）に通報する義務があり、その後、市町村や都道府県労働局が責任を持ち何らかの措置を行うことになる。当事者間の解決が困難で、地方自治体等の介入が必要と判断される場合においては、有効な選択肢である。

（志賀利一）

雇用率制度

▶実雇用率
▶企業名公表
▶除外率

1．雇用率制度とは

　障害者雇用促進法に基づき、企業（事業主）に対して、その雇用する労働者の数に、一定の割合を乗じて得た数以上の障害者を雇用することを義務付ける制度（雇用義務制度、割当雇用制度ともいう）。この一定の割合を法定雇用率（障害者雇用率）といい、労働者の総数に対する対象障害者である労働者の総数の割合を基準として設定し、少なくとも5年ごとに当該割合の推移を勘案して定める（見直す）ものとされている。なお2013年に、精神障害者を法定雇用率の算定基礎に加える法改正が行われ（精神障害者の雇用義務化。2018年4月1日施行）、その経過措置として、施行後5年を経過するまでの間（2023年3月31日までの間）は、対象障害者の雇用の状況その他の事情を勘案して、本来の算定式で算定した率（2.4％）よりも低く設定することが可能となっている（2を参照）。

2．法定雇用率と実雇用率の動向

　上記法改正により精神障害者が雇用義務化、すなわち法定雇用率の算定基礎に加わったこと等により、民間企業の法定雇用率は、2018年4月1日より、それまでの2.0％から2.2％に引き上げられ、国、地方公共団体等及び都道府県等の教育委員会の法定雇用率は、それぞれ2.5％、2.4％に引き上げられた。なお、民間企業、国、地方公共団体等、都道府県等の教育委員会ともに、2021年4月までに、さらに0.1％引き上げられることになっている。

　民間企業における対象障害者の雇用状況（実雇用率）を見ると、2019年6月1日現在で、2.11％となっており、2011年以来連続して上昇している。法定雇用率を達成した企業の割合は48.0％である。企業規模別で見ると、労働者1,000人以上の企業が実雇用率、法定雇用率達成企業割合ともに高い（実雇用率2.31％、法定雇用率達成企業割合54.6％）。

3．短時間労働者及び重度障害者の雇用障害者数算定上の取り扱い

　短時間労働者（週20時間以上30時間未満）及び重度障害者の雇用障害者数の算定等における取り扱いは表の通りである。

週所定労働時間		30 時間以上	20 時間以上 30 時間未満
身体障害者		1	0.5
	重度	2	1
知的障害者		1	0.5
	重度	2	1
精神障害者		1	0.5*

＊なお、以下の①、②の両方を満たす者は1人として算定。①新規雇入れから3年以内、または精神保健福祉手帳取得から3年以内の者　②2023年3月31日までに雇い入れられ、かつ同日までに精神保健福祉手帳を取得した者

（厚生労働省資料より加工）

4．除外率制度について

　障害者の就業が一般的に困難であると認められる業種について、企業が雇用する労働者数を（事業所ごとに）計算するにあたり、業種ごとに設定される率（除外率）に相当する労働者数を控除することで、雇用義務障害者数を少なくする（雇用義務の負担を軽減する）仕組みが除外率制度である。除外率制度は、かつては障害者雇用促進法の本則に設けられていたが、ノーマライゼーションの観点から2002年の法改正により本則上は廃止され、経過措置として存置された（2004年4月1日施行）。その後、段階的に引き下げが図られて現在に至っている。

5．企業名の公表

　障害者の雇用状況が一定の水準を満たしていない企業については、障害者の雇入れ計画の作成命令や、雇入れ計画の適正な実施についての勧告が行われるが、勧告に従わず、障害者の雇用状況に改善が見られない場合、厚生労働大臣は当該企業名の公表を行うことができる。企業名を公表することにより、当該企業に社会的な制裁を加え、雇用率制度の履行を最終的に確保するとの趣旨に基づく措置である。最近の動向を見ると2014年度に8件、2016年度に2件の企業名公表が行われている。

文　献
1）厚生労働省（2019）平成30年障害者雇用状況の集計結果〈https://www.mhlw.go.jp/content/11704000/000533049.pdf〉
2）厚生労働省，障害者雇用率制度について〈https://www.mhlw.go.jp/content/11600000/000482197.pdf〉

（今井　明）

障害者雇用納付金制度

▶障害者雇用調整金・報奨金
▶助成金
▶在宅就業支援制度

1．障害者雇用納付金制度とは

　法定雇用率未達成企業（事業主）から納付金を徴収し、法定雇用率達成企業等に対して、調整金、報奨金を支給するとともに各種の助成金等を支給する制度である。障害者を雇用するには、作業施設や設備の改善、職場環境の整備、特別の雇用管理等が必要とされることが多い。そこで、障害者雇用に伴う経済的な負担に着目し、障害者の雇用義務を履行している企業とそうではない企業との間の経済的な負担のアンバランスを考慮し、社会連帯の理念に基づき、法定雇用率未達成の企業からその不足数に応じて納付金を徴収し、これを原資として、法定雇用率を超えて雇用する企業に対して調整金を支給することによって障害者の雇用に伴う経済的負担を調整する仕組みである。

　障害者雇用納付金制度（以下、納付金制度という）はまた、障害者を雇用する企業に対する助成、援助を行うことで、全体として障害者の雇用水準を引き上げるための共同拠出金としての性格も有している。さらに納付制度は、障害者の就業機会の拡大のため、自宅や就労移行支援事業所、就労継続支援Ｂ型事業所等で雇用以外の形態で働く障害者（在宅就業障害者）に仕事を発注する企業に対して特例調整金等を支給する機能も果たしている（在宅就業支援制度）。

2．納付金制度の仕組み

　納付金制度の運用は、高齢・障害・求職者雇用支援機構が担っており、対象となる企業（常用労働者100人を超える企業）が、前年度の雇用障害者数等をもとに、毎年度、同機構に申告・申請を行い、これに基づき納付される納付金を原資に、支給要件に該当する企業に調整金等を支給することが基本的な仕組みとなっている。

　納付金の額は、法定雇用率未達成企業について、法定雇用障害者数に不足する障害者数に応じて１人につき月額50,000円、調整金の額は、法定雇用率を超えて障害者を雇用している企業について、その超えて雇用している障害者数に応じて１人につき月額27,000円となっている。この他常用労働者100人以下の

企業で一定の要件を満たす場合には報奨金が支給される。また、短時間であれば就労可能な障害者等の雇用機会を確保するため、週10時間以上20時間未満の雇用障害者の数に応じて特例給付金が支給される（2020年4月施行）。

3．納付金制度に基づく助成金

障害者雇用納付金制度に基づく助成金は、企業が障害者の雇用にあたって、施設・設備の整備等や適切な雇用管理を図るための特別な措置を行わなければ、障害者の新規雇入れや雇用の継続が困難であると認められる場合に、予算の範囲内で、当該企業からの申請に基づき助成金を支給するものである。各種助成金は大別して以下の通り分類される。

○障害者作業施設設置等助成金　○障害者福祉施設設置等助成金

○障害者介助等助成金　○重度障害者等通勤対策助成金

○重度障害者多数雇用事業所施設設置等助成金

2018年4月からは、障害者を雇用したことがない企業が、障害者の受入れを進めるため、就職を目指す障害者を対象として職場実習を計画し、実習生を受け入れた場合に受入れの謝金等を支給する障害者職場実習支援事業なども開始された。2020年度には、重度障害者の通勤や職場等における支援について助成金の拡充が図られることとなっている。

4．在宅就業支援制度

在宅就業支援制度は、在宅就業障害者に仕事を発注する企業、または在宅就業支援団体（在宅就業障害者に対する支援を行う団体として厚生労働大臣に申請し、登録を受けた法人）を介して在宅就業障害者に仕事を発注する企業に対して、特例調整金、特例報奨金を支給する制度である。

在宅就業支援団体として登録されている数は2019年6月1日現在で22団体である。本制度については、2006年の制度施行以来10年以上経過しているにもかかわらず利用状況が低水準にとどまっている。

文　献

1）高齢・障害・求職者雇用支援機構　障害者雇用納付金制度の概要〈http://www.jeed.or.jp/disability/about_levy_grant_system.html〉
2）厚生労働省（2019）　在宅就業支援ノウハウブック〈https://www.mhlw.go.jp/content/11600000/000504466.pdf〉

（今井　明）

障害者雇用に関わる各種助成金制度

▶雇用環境の整備
▶障害者雇用納付金

　障害者雇用を促進するために、国や地方自治体では、さまざまな助成制度が設けられている。国が行う助成金において、その目的は、雇入れ関係、雇用環境の整備、人材開発の３つに分類される。また、財源は雇用保険と障害者雇用納付金に分かれる。本項では、障害者雇用納付金を財源とする助成金に焦点を当てて説明する。

１．助成金の目的

　障害者を労働者として雇用するにあたっては、障害者各人の能力と適性を十分に引き出すため、施設・設備の整備や、雇用管理を図るために特別な措置を行うことが必要な場合がある。このような措置を事業主が行うことにより生じる一時的な経済的負担の軽減や、障害者雇用の促進及び継続を図ることを目的とする。

２．助成金の対象者

　身体障害者、知的障害者及び精神障害者が対象となる（助成金の種類によって対象者の範囲は異なる）。週所定労働時間は20時間以上（精神障害者にあっては15時間以上）であることとされている。また、週所定労働時間が20時間以上30時間未満（精神障害者にあっては15時間以上30時間未満）の場合は「短時間労働者」となる。

３．助成金の種類と概要

　2019年現在、５種類の助成金が存在する。以下では、その概要について記述するが、詳しい内容については、独立行政法人高齢・障害・求職者雇用支援機構が発行する助成金のリーフレット[1]を参照のこと。

（１）障害者作業施設設置等助成金

　障害者が作業を容易に行うことができるよう配慮された作業施設、就労を容易にするために配慮された附帯施設（トイレ、スロープなど）、作業を容易にするために配慮された作業設備の設置または整備を行う場合に、その費用の一部を助成するもの。第１種（設置または整備）と、第２種（賃借）がある。

（２）障害者福祉施設設置等助成金

労働者としての福祉の増進を図るため、障害者が利用できるよう配慮された保健施設、給食施設、教養文化施設等の福利厚生施設の設置または整備を行う場合に、その費用の一部を助成するもの。

（3）障害者介助等助成金

障害の種類や程度に応じた適切な雇用管理のために必要な介助等の措置を行う場合に、その費用の一部を助成するもの。職場介助者の配置または委嘱、その継続措置、手話通訳・要約筆記等担当者の委嘱、障害者相談窓口担当者の配置がある。

（4）重度障害者等通勤対策助成金

障害者の通勤を容易にするための措置を行う場合に、その費用の一部を助成するもの。住宅の賃借、指導員の配置、住宅手当の支払、通勤用バスの購入、通勤用バス運転従事者の委嘱、通勤援助者の委嘱、駐車場の賃借、通勤用自動車購入がある。

（5）重度障害者多数雇用事業所施設設置等助成金

重度身体障害者、知的障害者または精神障害者を多数継続して雇用し、かつ安定した雇用を継続することができると認められる事業主で、これらの障害者のために事業施設等の整備を行い、モデル性が認められる場合に、その費用の一部を助成するもの。

文　献

1）高齢・障害・求職者雇用支援機構（2019）障害者雇用納付金制度に基づく各種助成金のごあんない，高齢・障害・求職者雇用支援機構.

（宮澤史穂）

特例子会社

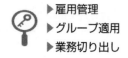

▶雇用管理
▶グループ適用
▶業務切り出し

1．特例子会社とは

　企業が障害者の雇用促進及び安定を図るためにつくる子会社のことである。主に大企業が設立し、障害者を多く雇用することで、障害者雇用促進の大きな役割を担っている。

　雇用率制度は障害者雇用を個々の企業ごとに義務付けているが、親会社が障害者の雇用に特別配慮した子会社を設立し、一定の要件を満たす場合は、特例として実雇用率を合算して算定できることとしている（障害者雇用促進法第44条）。一定の要件とは、親会社については当該子会社の意思決定機関（株主総会など）を支配していることとされる。子会社については、①親会社との人的関係が緊密であること、②雇用される障害者が5人以上で、全従業員に占める割合が20％以上であり、雇用される障害者に占める重度身体障害者、知的障害者及び精神障害者の割合が30％以上であること、③障害者のための施設の改善、専任の指導員の配置など、障害者の雇用管理を適正に行うに足りる能力を有していること、④その他障害者の雇用の促進及び安定が確実に達成されると認められること、とされる。

　また、特例子会社を持つ親会社については、関係する子会社も含めグループ適用として企業グループによる実雇用率算定が可能とされる（障害者雇用促進法第45条）。

　特例子会社は、雇用される障害者にもメリットがある。バリアフリー化されたオフィスや、業務指導をするジョブコーチの配置、職業生活全般を支援する臨床心理士や精神保健福祉士の配置等、障害者が働きやすい環境作りが多くの企業で行われているからである。

2．特例子会社の現状

　『平成30年障害者雇用状況の集計結果』（厚生労働省）では、全国に特例子会社は486社あり、雇用されている障害者の数は32,518人であった。身体障害者は11,478.5人、知的障害者は16,211人、精神障害者は4,828.5人であった。民間企業において雇用されている障害者総数の6％、特に知的障害者は13.37％

が特例子会社で雇用されている。486社という数から見ても、特例子会社が障害者雇用促進に大きく貢献を果たしているのは明確である。

3．タイプ別（業務内容と障害種別）

特例子会社の業務内容は、野村総合研究所[1]の調査によると、「事務補助」が69.2％（126社）、「清掃、管理」が45.6％（83社）、「その他」が35.7％（65社）となっている。「その他」はIT業務サービスからフラワーキット作成、印刷、緑化作業と多岐にわたる。親会社からの「業務切り出し」と呼ばれ、すでに外部委託されていた業務や社内で行っていた単純作業だが誰かがやらなければならない業務を、障害者の担当業務として特例子会社に委託するケースが多い。

どの障害種別の雇用が中心となるかは、業務内容や設立時期（時には会社の方針）によって決まる。たとえば、データ入力等の業務では正確性とPCスキルの高さを必要とすることから発達障害者に適性があると判断され、多く雇用されている。

特例子会社制度が設立された頃（1976年に局長通達により開始、1987年に法定化）は、雇用義務化されていたのが身体障害者のみだったため、身体障害者と健常者の社員で構成されていた。次に知的障害者が雇用義務化された頃（1987年実雇用率算定可、1997年に雇用義務化）に設立された会社は、知的障害者を中心に雇用された。特別支援学校から毎年新卒採用が行われていることが多く、親会社からの出向者や指導員という立場の職員が雇用管理している例が多い。そして近年設立された会社は、2018年に雇用義務化され（2005年より実雇用率算定可）、もっとも求職者の多い精神障害者・発達障害者を中心に雇用する傾向が見られる。

4．課題

株式会社のため営利企業としての経営が求められる一方で、特例子会社としては、障害者にとって負担の少ない業務を行う必要があり、この2つのバランスをとっていくことが常に課題となる。現状では親会社の支援なしでは成り立たないという会社が多い。

そして今後は、「安定して働くことが難しい」とされる精神障害者の雇用を進めながら、営利企業としての経営を成り立たせていくことが、重大な課題となっていくだろう。

文　献

1）野村総合研究所（2017）障害者雇用及び特例子会社の経営に関する実態調査調査結果（2017年12月1日現在），〈https://www.nri.com/-/media/Corporate/jp/Files/PDF/knowledge/report/cc/industry_policy/201712_handicap_05.pdf?la=ja-JP&hash=9157E60C1EE58D0725A6F52E6D1B6C3B17C7BCFA〉

（日元麻衣子）

第 IV 部
法律等に基づく関係機関及びサービス

就労継続支援Ａ型

▶保護雇用
▶福祉工場
▶社会的企業

1．法令上の規定

「就労継続支援」は、障害者総合支援法の第5条により「通常の事業所に雇用されることが困難な障害者につき、就労の機会を提供するとともに、生産活動その他の活動の機会の提供を通じて、その知識及び能力の向上のために必要な訓練その他の厚生労働省令で定める便宜を供与することをいう」と規定されている。このうち「厚生労働省令で定める便宜」の部分に関しては、施行規則により雇用型のＡ型と非雇用型のＢ型に区別されている。要するに、就労継続支援Ａ型とは「通常の事業所に雇用されることは困難だが、雇用契約に基づく就労が可能である者に対して、雇用契約を締結して就労及び生産活動の機会を提供し、就労に必要な知識及び能力の向上のために必要な訓練及び支援を行う」ものであるといえる。

2．成り立ちから見た特徴

就労継続支援Ａ型は、2005年の障害者自立支援法制定時に、それ以前の旧法により規定されていた「福祉工場」が移行することを想定して新設されたものである。このため福祉工場制度の特徴の多くを引き継いでおり、福祉工場制度の成り立ちを振り返ることは就労継続支援Ａ型の特徴を知ることにつながる。そこで、以下に福祉工場制度の成り立ちについて簡単に触れておく。

福祉工場という概念は、1970年の「身体障害者福祉審議会答申」において初めて登場した。当時、多くが実態としては「就労の場」でありながら、制度上は「訓練の場」として位置付けられ、労働関係法の適用が除外されていた「授産施設」の限界を改めるものとして新たに規定された。このような経緯から生まれた福祉工場は、当初より明確に「就労の場」として位置付けられ、福祉施設でありながら工場としての一般企業的性格を持ち、利用者と雇用契約を結び労働基準法や最低賃金法等の労働関係法を適用する形で運用された。わが国で保護雇用を実現する仕組みとして期待された福祉工場制度であったが、しかし実際には制度創設後その数が授産施設のように増加するということはなかった。福祉工場が普及しなかった理由として、賃金補助や赤字補填といった公

的援助の仕組みがない中で、社会福祉法人が福祉の理念だけを頼りに、通常の事業所に雇用されることが困難な障害者を雇用する企業を経営するということの本質的な難しさがあったと考えられる。

3. 現状と課題及び今後の発展可能性

　先述の状況は、障害者自立支援法制定を経て現在では一変している。福祉多元主義の考え方のもとに大幅な規制緩和が行われ、社会福祉法人以外のNPO法人や株式会社をはじめとする営利法人までも参入可能となったことにより、就労継続支援A型の事業所数及び利用者数は共に激増し、実施主体は多様化した。厚生労働省[1][2][3]によれば、2011年度末には事業所数1,058カ所、利用者数19,333人だったものが、2017年10月1日には事業所数3,776カ所、利用者数70,684人となっている。実施主体の法人種別の構成割合も、2010年度末には社会福祉法人が全体の43.3%を占めていたが、2017年10月1日には15.1%を占めるのみであり、代わりに営利法人が58.9%を占めるまでに至っている。さらに特筆すべき変化として、利用者1人当たりの平均賃金の減少がある。2006年度には月額113,077円だったのに対し、2018年度には月額76,887円となっている。平均賃金の減少の理由には、事業基盤の脆弱な実施主体の増加とこれに伴う労働時間の意図的な制限が指摘され、現在問題視されている。

　今後、就労継続支援A型を適正に発展させるためには、「国等による障害者就労施設等からの物品等の調達の推進等に関する法律（障害者優先調達推進法）」を法的根拠にした公的援助の実施等具体的方策の強化とともに、実施主体の多様化の背景を踏まえて、就労継続支援A型における実践を、たとえば、社会的企業等の福祉の枠組みを超えた実践としてとらえ直すような理論的な刷新も必要と思われる。

文　献

1）厚生労働省（2017）障害者総合支援法における就労支援施策の動向について〈http://voccouncil.org/doc/WDPD170526.pdf〉
2）厚生労働省（2018）平成29年　社会福祉施設等調査の概況〈https://www.mhlw.go.jp/toukei/saikin/hw/fukushi/17/dl/gaikyo.pdf〉
3）厚生労働省（2019）平成30年度工賃（賃金）の実績について〈https://www.mhlw.go.jp/content/12200000/000571834.pdf〉

　　　　　　　　　　　　　　　　　　　　　　　　　　　　　　（塩津博康）

就労継続支援B型

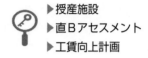

▶授産施設
▶直Bアセスメント
▶工賃向上計画

1．歴史

就労継続支援B型の前身は、2006年の障害者自立支援法施行前の、心身に障害があり一般企業に就職することが難しい人が自立した生活を目指して働く施設として社会福祉法に基づく「法定授産施設」、身体障害者福祉法による「身体障害者授産施設」、知的障害者福祉法による「知的障害者授産施設」、精神保健及び精神障害者福祉に関する法律（精神保健福祉法）による「精神障害者授産施設」、各自治体が定めた要綱に基づく「心身障害者小規模授産施設」や地域における「小規模作業所」「共同作業所」などである。障害者自立支援法施行によって各授産施設が就労移行支援事業所もしくは就労継続支援事業所（A型・B型）に移行し、小規模作業所が就労継続支援B型もしくは地域活動支援センターⅢ型に移行した。

2．定義と概要

就労継続支援B型は、通常の事業所に雇用されていた障害者であって、その年齢、心身の状態その他の事情により引き続き当該事業所に雇用されることが困難となった者、就労移行支援によっても通常の事業所に雇用されるに至らなかった者、その他の通常の事業所に雇用されることが困難な者を利用対象者とする。

提供されるサービスの内容としては、事業所内での生産活動の提供、就労に必要な知識及び能力の向上のために必要な訓練を行う。その生産活動においては、生産活動の事業収入から必要経費を控除した金額を工賃として利用者に支払うものとしている。利用期間に制限はなく、利用者との雇用契約は結ばない。

具体的な利用者像については、（1）就労経験がある者であって、年齢や体力の面で一般企業に雇用されることが困難となった者、（2）就労移行支援事業での就労アセスメントの結果、B型の利用が適当と判断された者、（3）上記（1）（2）に該当しない者であって、50歳に達している者または障害年金1級受給者とされる。

（2）の就労アセスメントは一般に「直Bアセスメント」と呼ばれ、就労移行支援事業を利用（暫定支給決定で可）し、面談や作業観察によるアセスメントを行い、個々の職業準備性を把握するものである。その結果、就労継続支援B型の利用が妥当であると認められる場合に利用することを原則としている。

特別支援学校では就労継続支援B型で実習を行うが、特別支援学校の生徒は上記利用対象者に該当しないため、卒業後に利用するにあたっては改めて就労アセスメントが必要となる。

3．工賃向上計画の策定

生産活動によって利用者に支払われる工賃の水準が向上するよう「工賃向上計画」の策定がすべての事業所で推進されている。

工賃水準の向上については、2007年度から工賃倍増5か年計画、2012年度から2017年度までは、各事業所において工賃向上計画を策定し、工賃の向上に資する取り組みを進めてきた。2018年度以降についても工賃向上計画に基づいた取り組みを推進する。

その工賃向上計画には、各都道府県の生活水準、最低賃金、障害者の経済状況等を勘案して適正な水準を考慮した各年度の目標工賃額を記載する。また、目標達成のための課題の分析を行い、企業的経営手法の導入、行政機関との連携による障害者の就労機会の創出、民間企業における研修等の活用及び経営や事業内容に適した専門家による研修や技術指導、共同受注窓口の体制整備、活用等を具体的な方策として盛り込むことが望ましい。

4．役割と課題

就労継続支援B型は利用期限がないため個々のペースに合わせながら、地域においての継続的な日中活動の場として、生産活動による社会参加、訓練から雇用につながる社会的自立への支援を行い、就労能力と生活能力の向上を目指す。

そのためには、利用者の障害特性や環境要因を適切に把握し配慮すること、医療・福祉等と連携した支援体制の整備を図ること、社会参加のための訓練を充実させること、雇用への可能性を追求していくことが求められる。

文　献

1）岡上和雄（1996）障害者の職業問題，リハビリテーション研究，85, 28-33.
2）坂本洋一（2017）図説よくわかる障害者総合支援法第2版，中央法規出版.

（吉野敏博）

就労移行支援

▶就労支援員
▶職場定着支援

1．就労移行支援事業創設の背景

就労移行支援事業は障害者自立支援法（2006年）の下で創設された障害福祉サービスである。それまで福祉施設から企業へ就職する割合は全国平均約1％程度で、本来一般就労が可能な者も福祉施設を利用し続けている可能性を指摘されていた。障害者が企業に就職できる環境を整備していくことは極めて重要であり、障害者の「働きたい！」という気持ちを実現できる事業が必要だった。

労働施策においても、法定雇用率が徐々に引き上げられていく流れの中で、民間企業のコンプライアンス、CSRの観点から障害者雇用の機運が一層高まっていた。しかし、企業と障害者を橋渡しする事業が不足しており、課題となっていた。

2．就労移行支援事業の役割

こうした中で創設された就労移行支援事業は、2年間の利用期限内に企業での就労を目指すという明確な役割を持っている。

なお、就労移行支援事業は、按摩マッサージ指圧師免許・鍼師免許・灸師免許を取得し就労を目指す養成型と、それ以外の就労希望者に対する支援を行う一般型に分かれている。人員配置基準や報酬単価の点で違いがあるが、全国的に一般型が圧倒的に多い。

事業創設以降、就労移行支援事業の利用者数・事業所数は右肩上がりに増え続け、就労移行支援事業所から一般就労を実現した障害者の数も年々増加傾向にある。2015年度だけで就労移行支援事業の全利用者のうち約22.4％が企業に就労しており、障害者雇用の進展に福祉側から寄与しているといえる。

3．人員配置の基準と支援内容

障害福祉サービスは、厚生労働省令によって、それぞれのサービス種別ごとに設置基準や人員配置基準、支援内容が定められている。就労移行支援事業は、職業指導員及び生活支援員に加え、就労支援員を利用者15人当たり1名以上（複数名いる場合、1名は必ず常勤）配置しなければならないこととされている。

また、厚生労働省令において、支援の内容も明記されている。利用者特性の

アセスメント・職業準備性の向上・本人情報と企業情報のマッチング・職場定着支援といった職業リハビリテーションの基本プロセスを実施するわけだが、それに加えて関係機関との連携を図るよう繰り返し強調されている。実践においては、企業、ハローワーク、地域障害者職業センター、相談支援事業所、病院、障害者就業・生活支援センター等と連携することになる。

　企業や関係機関との良好な関係の構築と維持は、実習・求職活動・職場定着支援の基礎であり、利用者ニーズと企業ニーズをどのようにマッチさせていくかが支援業務の中で大きな比重を占める。就労移行支援事業は、事業所内での直接利用者支援に加え、企業や関係機関との継続的連携を通じた間接的支援も行わねばならない。直接的支援と間接的支援とのバランスを取りながら利用者を支援していくことが重要なのである。この点が就労移行支援事業の大きな特徴だともいえる。

　就労支援員の配置はこうした連携業務の実施を踏まえてのことである。しかし、連携の要として想定されている就労支援員について資格等の要件は特になく、各事業所や運営法人による配置に任せられているのが現状である。

　現在まで就労後の職場定着率のデータはほとんどないが、就労移行支援事業所からの就職率のデータは厚生労働省から示されている。経年のデータによれば、就労移行支援事業が創設されて以来、毎年、約３割の事業所は年間１人も就職者を出していない。これにはさまざまな理由が考えられるが、上述したバランスをうまく取れていない可能性がある。

　事業所の支援が直接的支援に比重が偏っている場合、事業所内での支援は充実していても、就労支援員が連携業務を十全にこなすことができず、マッチングの不備から利用者をなかなか就職に結びつけられないという事態になりかねない。逆に、間接的支援に比重が偏っている場合、連携をうまく取れて就職者を多く輩出できても、就労準備訓練やアセスメントの不備から就労後の職場定着に支障が出てしまうことになりかねない。

　ノーマライゼーション理念の実現はもとより、社会保障費増大や少子化による労働力不足を考えれば、障害のある人たちが一般の企業の中で働くことは今後ますますその重要性が高まってくると思われる。そのためにも、就労支援員の支援の質を向上させ、十全に機能する就労移行支援事業所が各地域に増えていくことを期待したい。

文　献

１）厚生労働省援護局障害保健福祉部障害福祉課（2017）行政説明資料「就労移行支援について」，厚生労働省.

（酒井大介）

相談支援事業

▶計画相談支援
▶基本相談支援
▶地域相談支援

1. 1996年〜2006年9月まで

相談支援に関わる事業は、「障害者プラン（ノーマライゼーション7か年戦略）」の一環として、1996年に創設された「障害児（者）地域療育等支援事業」「市町村障害者地域生活支援事業」「精神障害者地域生活支援事業」が、2000年の社会福祉事業法の改正の中で相談事業として法制化された。その後、2003年にそれまでの措置制度の廃止に伴い支援費制度が導入され、本人のニーズを中心とする相談支援のための障害者ケアマネジメント体制整備事業が制度化され普及され始めた。

2. 2006年10月〜2010年12月

2006年の障害者自立支援法により障害認定区分が導入され、障害種別の制度利用から3障害が一元化されるに伴い、上記の3つの事業は地域生活支援事業における障害者相談支援事業として統合され法定化された。こうして地域生活支援事業の1つである相談支援事業は市町村必須事業になり、障害者等が自立した日常生活または社会生活を営むことができるように支援を行う事業と位置付けられた。そして、「障害者等、障害児の保護者または障害者等の介護を行う者」を対象に、福祉サービスの利用援助、社会資源の活用、権利擁護等を行うこととされた。また特に計画を必要とする障害のある方には、障害者ケアガイドラインに基づいたケアマネジメントによるサービス利用計画を支給決定後に作成することが制度化され、個別給付化されることになった。この他にも「成年後見制度利用支援事業」「住宅入居等支援事業」や相談支援を円滑に進めるための「都道府県相談支援体制整備事業」や相談支援の強化としての「市町村相談支援機能強化事業」も創設された。その後、2008年の社会保障審議会障害者部会にて障害者自立支援法の見直しに向けた検討が行われ、障害のある方がさまざまなサービスや地域資源等も活用しながら、地域で自立して安心して暮らしていけるよう、地域における相談支援体制の強化、ケアマネジメントの充実、自立支援協議会の充実という観点から相談支援の充実を図るべきと提言され、2010年に改正障害者自立支援法、いわゆる「つなぎ法」にまとめら

れることになった。

3．2010年12月〜現在

　2010年の「つなぎ法」では「相談支援事業」の定義を以下のように整理した。すなわち、地域の障害者等の福祉に関するさまざまな問題について障害者本人等からの相談に応じ、必要な情報の提供及び助言を行い障害福祉サービス事業所等との連絡調整を行う「基本相談支援」、施設入所している障害者や精神科病院に入院している精神障害者らに住居の確保や地域生活に移行するための活動に関する相談に対応する「地域相談支援」、障害者の心身の状況、その置かれている環境、障害福祉サービス等の利用に関する意向を勘案しサービス等利用計画を作成する「計画相談支援」に分け、基本相談支援及び地域相談支援のいずれも行う事業を「一般相談支援事業」、基本相談支援及び計画相談支援のいずれも行う事業を「特定相談支援事業」に分けた。また、自立支援法下での「精神障害者地域移行支援特別対策事業」と「住居サポート事業」を個別給付化し、それぞれ「地域移行支援」「地域定着支援」と改められ、現行の障害者総合支援法に位置付けられている。

　さらに、計画相談においてはサービス利用支援としてケアマネジメントにより障害のある方をより細かく支援できるように通所、入所、居宅サービスの利用者全員に対して、本人が自分で計画を立てるいわゆるセルフプラン以外は、指定相談支援事業所の相談支援専門員によりサービス等利用計画書を作成することが義務付けられ、2012年より3年間かけて対象者を徐々に拡大していくとともに、2015年度からは支給決定を行う前にサービス等利用計画案の提出が義務とされた。また、サービス利用支援を受けた障害のある方は継続サービス利用支援として、サービス等利用計画が適切であるかどうかの検証を行い、その結果を勘案して計画の見直し、変更を行うこととされた。この他にも相談支援体制の強化として、基幹相談支援センターの設置や協議会が法律上位置付けられている。

　なお児童については、2012年の児童福祉法改正により、障害のある子どもが身近な地域で支援が受けられるよう障害児相談支援事業が創設され、児童福祉法に規定された障害児通所支援を利用するすべての子どもに対して障害児支援利用計画を作成することが、2015年度より義務付けられている。

文　献
1）中野敏子（2016）戦後障害者福祉における「相談支援」の形成過程研究，高菅出版．
2）障害者福祉研究会（2013）逐条解説障害者総合支援法，中央法規出版．

（重泉敏聖）

地域活動支援センター

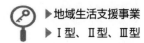

▶地域生活支援事業
▶Ⅰ型、Ⅱ型、Ⅲ型

　地域活動支援センターは障害者総合支援法に基づき、各市町村が必須で行う地域生活支援事業の１つである。事業の目的は、障害者等が地域で自立した日常生活・社会生活を営むことができるように、通所にて創作的活動や生産活動の機会を提供し、社会との交流の促進を図るとともに、日常生活に必要な便宜の供与を適切かつ効果的に行うことである。また、障害者及び障害児の福祉の増進を図るとともに、障害の有無にかかわらず、国民が相互に人格と個性を尊重し安心して暮らすことのできる地域社会の実現に寄与することも重要な目的の１つとなっている。事業内容には、基礎的事業と機能強化事業があり、Ⅰ型、Ⅱ型、Ⅲ型に区別されている。

　地域活動支援センターは、障害者自立支援法の施行に伴い、無認可の共同作業所等が法人格を取得し、移行した経過がある。地域の実情に応じて、市町村の創意工夫や裁量で、柔軟な運営や事業が実施される反面、体制や財政事情等によるサービス内容に地域格差が表れている。

　障害当事者は、長期施設入所、社会的入院等の収容や管理、社会から隔離された環境下に置かれ、地域で当たり前の生活を選択できない現状や時に支援者から虐待や暴力の被害、人権侵害等を受けてきた歴史がある。このような社会的な課題の解決を担う地域活動支援センターは、安心できる地域の居場所としての役割が大きい。障害当事者は支援を受けるばかりではなく、社会に貢献できる存在であり、支援者は個々のニーズに応じて、利用者の主体性や人権を保障し、ストレングスを活かしたサポートをしていくことが大切である。

　地域では、障害当事者や専門職の支援者だけでなく、さまざまな住民が集い協働することで、多様で包括的なネットワークが形成されている。

　地域活動支援センターは、退院後の人、ひきこもりがちな人、就労中の人等、さまざまな生活状況の人たちが利用するため、多様なピア活動を活かした取り組みができる相談支援機関でもある。安心できる地域の居場所は、社会的な孤立を防ぐだけでなく、ノーマライゼーションの構築につながっていく。就労支援の充実と同様に、誰もが自分らしく、自らの力で、安心して暮らせるた

地域活動支援センターの類型

類　型	事業内容	職員配置	実利用人員の想定
Ⅰ型	・相談支援事業 ・医療・福祉及び地域の社会基盤との連携強化のための調整 ・地域住民ボランティア育成 ・障害に対する理解促進を図るための普及啓発等	専門職員（精神保健福祉士等）を配置 基礎的事業職員数＋1名（2名以上常勤）	1日当たり概ね20名以上 給付対象者は1日当たり24人まで
Ⅱ型	・機能訓練 ・社会適応訓練 ・入浴等のサービスを実施	基礎的事業職員数＋1名（1名以上常勤）	1日当たり概ね15名以上 給付対象者は1日当たり19人まで
Ⅲ型	地域の障害者のための援護対策として地域の障害者団体等が実施する通所による援護事業の実績を概ね5年以上有し、安定的な運営が図られている	基礎的事業職員数（1名以上常勤）	1日当たり概ね10名以上 給付対象者は1日当たり14人まで
基礎的事業	・創作的活動、生産活動の機会の提供等 ・地域の実情に応じた支援	2名以上 （1名は専従者）	

めに、地域の課題や特性を踏まえ、地域力を活かした事業展開が必要とされている。

文　　献

1）厚生労働省社会・援護局（2006）地域生活支援事業実施要綱，厚生労働省．

（三木佐和子）

職場適応援助者（ジョブコーチ）

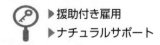

▶援助付き雇用
▶ナチュラルサポート

1．職場適応援助者（ジョブコーチ）の創設と歴史

　米国の援助付き雇用を参考に、わが国では1992年より地域障害者職業センターにおいて職域開発援助事業が実施されていた。これは、ジョブコーチの役割を仕事面の支援（技術支援パートナー）と生活面の支援（生活支援パートナー）に分割したものであった。そして2002年に、援助付き雇用の個別就労モデルにより近いものとして、障害者雇用促進法のもと、職場適応援助者（ジョブコーチ）の制度が創設された。この制度化にあたり、ジョブコーチに相当する言葉として「職場適応援助者」が用いられるようになった。当初、職場適応援助者は地域障害者職業センターに所属する配置型ジョブコーチと、福祉施設等に所属する協力機関型ジョブコーチの2種類でスタートした。そして2005年の改正によって、障害者雇用納付金制度に基づく職場適応援助者助成金が創設され、障害者職業センターの配置型ジョブコーチ、福祉施設等が助成金を活用して支援を行う第1号ジョブコーチ、企業が助成金を活用して自社のジョブコーチを持つ第2号ジョブコーチ、3種類のジョブコーチが誕生した。その後、2015年の改正において、助成金の財源が障害者雇用納付金から雇用保険に移管され、ジョブコーチの名称も第1号ジョブコーチが訪問型ジョブコーチ、第2号ジョブコーチが企業在籍型ジョブコーチに変更され今日に至っている。

2．職場適応援助者の現状

　職場適応援助者の制度のもと、助成金を活用して活動するジョブコーチの数は、2018年現在、配置型ジョブコーチが概ね300名、訪問型ジョブコーチが概ね600名、企業在籍型ジョブコーチが概ね100名となっている。職場適応援助者養成研修修了者については、訪問型、企業在籍型ともに毎年、数百名が研修を修了している。訪問型ジョブコーチ、企業在籍型ジョブコーチともに、研修修了者数は増加傾向にあるが、研修を修了しても助成金を活用しない者が多い。

　2018年度現在、訪問型職場適応援助者に関わる助成金は、1日の支援時間

が４時間以上の場合は16,000円、４時間未満の場合は8,000円。企業在籍型職場適応援助者に関わる助成金は、障害の種類、短時間労働か否か、大企業と中小企業等の条件によって額が異なるが、対象障害者１人当たり最低月額３万円から最高12万円までとなっている。

３．職場適応援助者の役割と支援内容

職場適応援助者の支援は、障害者本人に対するもの、事業主や職場の従業員に対するもの、障害者の家族に対するものの３種類に分けられる。障害者に対するものは、作業遂行力、職場内コミュニケーション力、健康管理や生活リズムに関すること。事業主や職場の従業員に対するものは、障害特性に配慮した雇用管理、職場配置や職務内容、障害の理解、関わり方、指導方法等に関するもの。家族に対しては家族の関わり方に関する助言などが含まれる。具体的な支援内容はケースバイケースであるが、ジョブコーチが個別の支援計画を作成し、障害者職業カウンセラーがそれを認めた場合に、助成金の対象として支援が認められる。

支援のプロセスについては、雇用前に職場のアセスメントを主眼に行われる雇用前支援、雇用後の数日から数カ月にかけて職場で行われる集中支援、支援を徐々に減少させ事業主主体の体制に導く移行支援、その後も定期的に状況を把握するフォローアップ、の各段階に分けられる。また、最近では、雇用後に問題が発生した事例に対して、雇用後からジョブコーチが介入する雇用後支援も増加している。

支援内容の全体的傾向としては、対象が知的障害者の場合、具体的な仕事の指導が比較的重要な部分を占め、仕事の教授法やわかりやすいマニュアルの準備などの技術が用いられていた。しかし近年、精神障害者や発達障害者が増える中、コミュニケーションに関する助言、ストレス要因の把握、相談ルートの調整、認知面の障害理解など、支援内容が多岐に渡り複雑になっている。また、ジョブコーチが職場にとどまる時間も知的障害の場合より短くなり、短時間での観察、聞き取り、助言が必要とされるなど、ジョブコーチ支援のあり方にも質的な変化が見られている。求められる支援が複雑で高度になっており、それらに対応できる人材の養成と確保が今後の大きな課題である。

（小川　浩）

トライアル雇用

▶ハローワーク
▶試行雇用

1．トライアル雇用事業の背景

1998年、厳しい雇用失業情勢を背景に、障害者が会社の倒産やリストラにより離職するケースが増えていく中、新たな就職先の確保は極めて困難な状況にあった。障害者雇用率が引き上げられ、事業主としては知的障害者を含めた障害者雇用を進めなければならない状況にあった。

障害者「職場実習」の形で受け入れてもらい、障害者に対する理解を深めて、本格的な障害者雇用に取り組むきっかけとするため、1999年、「障害者緊急雇用安定プロジェクト」としてトライアル雇用が始まり、その後、一般トライアルや複数のトライアル雇用制度の設置へと展開されていくこととなる。

2．トライアル雇用の目的及び概要

職業経験、技能、知識等の不足から安定した就職が困難な特定の求職者について、常用雇用へ移行することを目的に、これらの者を一定期間試行雇用することにより、その適性や業務遂行可能性を見極め、求職者及び求人者の相互理解を促進すること等を通じて、早期就職の実現や雇用機会の創出を図ることを目的としている。

求職者にとって、一定期間試行雇用として働くことで、仕事内容等の理解を深めることができ、自身に適した職業であるのかを見極めることもできる機会になる。雇用する事業者にとっては、試行期間中に雇用者の適性や業務遂行性を見極めることができるため、試行雇用後は常用雇用として雇用しやすくなるという利点がある。

こうした相互理解の試行期間を設けることにより、求職者及び求人者の相互理解を促進し、ミスマッチの解消や防止ができるよう設けられた制度である。

3．トライアル雇用利用のプロセス

トライアル雇用を活用する場合、求職者はハローワークへの求職登録・相談により、対象者としての要件を満たした上で、紹介日に本人がトライアル雇用を希望した場合、対象となる。事業者が助成金を受給するには、実施計画を作成し、事業所を管轄するハローワークまたは労働局に実施計画書を提出し、支

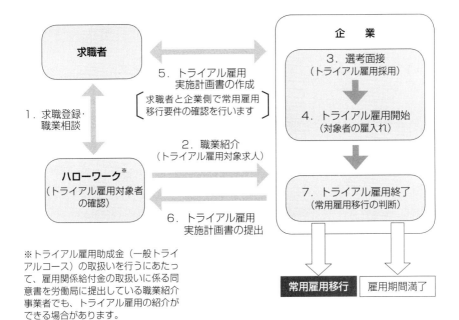

企　業

求職者

5．トライアル雇用
　実施計画書の作成
　求職者と企業側で常用雇用
　移行要件の確認を行います

3．選考面接
（トライアル雇用採用）

4．トライアル雇用開始
（対象者の雇入れ）

1．求職登録・
　職業相談

2．職業紹介
（トライアル雇用対象求人）

ハローワーク※
（トライアル雇用対象者
の確認）

6．トライアル雇用
　実施計画書の提出

7．トライアル雇用終了
（常用雇用移行の判断）

常用雇用移行　　雇用期間満了

※トライアル雇用助成金（一般トライ
アルコース）の取扱いを行うにあたっ
て、雇用関係給付金の取扱いに係る同
意書を労働局に提出している職業紹介
事業者でも、トライアル雇用の紹介が
できる場合があります。

トライアル雇用の仕組み

給申請をする必要がある。

　事業者はトライアル雇用活用に際し、選考にあたっては書類選考ではなく、面接選考を行うことが必要である。開始後、トライアル雇用の選考面接を実施し、トライアル雇用開始により、対象者の雇入れとなる。終了後は事業主の判断により、求職者の意向を加味し、常用雇用への移行が決定される。

文　　献

1）厚生労働省（2018）トライアル雇用助成金（一般トライアルコース）〈http://www.mhlw.go.jp/stf/seisakunitsuite/bunya/koyou_roudou/koyou/kyufukin/trial_koyou.html〉

（中金竜次）

公共職業安定所（ハローワーク）

▶専門援助部門
▶雇用率達成指導
▶障害者就職面接会

1．公共職業安定所（ハローワーク）

　厚生労働省設置法（平成11年法律97号）第23条第1項に「都道府県労働局の所掌事務の一部を分掌させるため、所要の地に公共職業安定所をおく」こととなっている。職業安定法（昭和22年法律141号）において同法の目的の1つが「公共に奉仕する公共職業安定所その他の職業安定機関が関係行政庁又は関係団体の協力を得て職業紹介事業等を行うこと」であるとされ、同法において公共職業安定所の業務などが規定されている。

　求職者には、就職についての相談・指導、適正や希望に合った職場への職業紹介、雇用保険の受給手続きを、雇用主には雇用保険、雇用に関する国の助成金・補助金の申請業務や求人の受理などのサービスを提供することを目的とする。

　1990年からは、一般公募で選定された「ハローワーク」という呼称が主に用いられるようになっている。正式名「○○公共職業安定所」は、対外的には「ハローワーク○○」と表記されている。

2．雇用指導官

　雇用指導官は、企業が、障害者雇用を行う時に、抱えている具体的な課題を把握し、企業の状況に応じた具体的な提案・指導を行う。

3．障害者就職面接会

　障害者就職面接会は、就職を希望する障害のある方々により多くの面接の機会を持ってもらうことを目的とするものであり、単独のハローワークでの開催ではなく、合同で開催されることが多い。

4．専門援助部門

　専門援助部門は、障害者のために専門の職員・相談員を配置し、ケースワーク方式により、求職申し込みから就職後のアフターケアまで一貫した職業紹介、職業指導を行う。個別に合った求人を開拓し面接の同行等を行っている。

5．求職登録

　求職登録とは、求職活動を行うために、求職申し込みを行い、名前、住所、電話番号、希望職種、収入、休日や職業履歴その他の条件を記載し、登録する

ことである。

6．職業紹介

職業紹介とは、求職者と求人者の間における雇用関係の成立を斡旋することをいう。

7．精神障害者雇用トータルサポーター

精神障害者雇用トータルサポーターとは、精神保健福祉士、臨床心理士等の資格を有し、精神障害の専門的知識や支援経験を有する人材で、ハローワークに配置されている専門職員である。精神障害者の求職者に対し、精神症状に配慮したカウンセリング、就職準備プログラムの実施、職場実習のコーディネート、専門機関への誘導、就職後のフォローアップ等を行う。また、企業に対して精神障害者の雇用に関する意識啓発、課題解決のための相談援助、個別定着支援、医療機関と企業のコーディネート等を行っている。

8．ナビゲーター

ハローワークにはさまざまなナビゲーターが配置されているが、職業リハビリテーションに関係するナビゲーターは障害者支援分と発達支援分がある。業務内容はいずれもハローワークの窓口に来所した障害者に対する相談、紹介、フォローアップを行うことである。

9．雇用率達成指導

雇用率達成指導とは、実雇用率の低い事業主について、雇用率達成指導を行い、「雇入れ計画」の着実な実施による障害者雇用の推進を指導することである。具体的な流れは、図の通りである。

(福岡新司)

雇用状況報告 （毎年6月1日の状況）	障害者雇用促進法第43条第5項
↓	
雇入れ計画作成命令 （3年間）	翌年1月を始期とする3年間の計画を作成するよう公共職業安定所長が命令を発出（同法第46条第1項）
↓	
雇入れ計画への 適正実施勧告	計画の実施状況が悪い企業に対し、適正な実施を勧告（計画2年目）（同法46条第6項）
↓	
特別指導	雇用状況の改善が特に遅れている企業に対し、公表を前提とした特別指導を実施（計画期間終了後に9カ月）
↓	
企業名の公表	（同法第47条）

障害者就業・生活支援センター

▶就業支援
▶生活支援
▶職場定着

　障害者が暮らす身近な地域において、労働、福祉、教育、医療機関等の関係機関と密接な連携の下、就業及びこれに伴う日常生活、社会生活上の支援等職業生活全般に及ぶ支援を一体的に実施する機関である。

1. 設立の背景

　1960年に制定された身体障害者雇用促進法は、1987年の法改正により障害者雇用促進法へと改められ、それまで身体障害者を中心に進められてきた障害者雇用施策の対象が知的障害者や精神障害者を含むすべての障害者へと拡大された。これに伴い、知的障害者や精神障害者に対する職業リハビリテーションがより推進されることになったが、知的障害者や精神障害者に対し実効ある職業リハビリテーションを進めていくためには、障害者が暮らす身近な地域において就業面のみならず生活面も含めた一体的な支援を提供する支援体制の確立が求められるようになった。こうした背景の下、1999年度から3年間にわたる「障害者就業・生活支援の拠点作り」の試行事業を経て、2002年の法改正により、就業及びこれに伴う日常生活、社会生活上の相談・支援を一体的に行う事業として障害者就業・生活支援センターが創設されるに至った。

2. 運営主体の指定

　センターの指定にあたっては、都道府県知事が当該事業を適正かつ確実に実施することができると認める一般社団法人、社会福祉法人、特定非営利活動法人等から指定することができるとされ、国としては、すべての障害保健福祉圏域への設置を進め、2019年6月現在、334センターが設置されている。

3. 業務の概要

　センターには、就業支援担当者、生活支援担当者が配置され就業から生活面に至る支援を一体的に実施している。具体的には就業面での支援として、就職に向けた職業準備訓練や職場実習のあっせん、就職活動の支援、職場定着に向けた支援を行うほか、事業主に対しては障害特性を踏まえた雇用管理についての助言を、また支援の連携拠点として関係機関との連絡調整も担っている。生活面での支援としては、日常生活・地域生活に関する助言として、生活習慣の

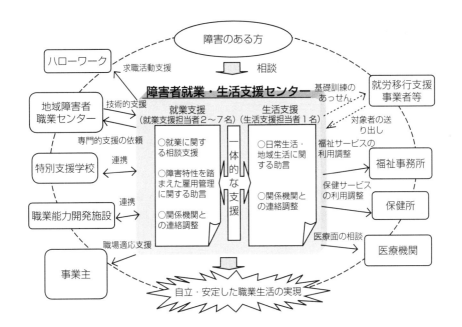

形成、健康管理、金銭管理等の日常生活の自己管理に関する助言、住居、年金、余暇活動など地域生活、生活設計に関する助言を行っている。これらに加え、2015年度からは、職場定着支援の強化を図るために主任職場定着支援担当者の配置が進み、2017年度において全国55カ所のセンターに配置されている。職場定着や雇用管理に関する企業の一次相談窓口を担うほか、定着困難事例への支援等を実施している。

　これらの動きと並行して、福祉・教育・医療から雇用への移行が進む中、拡大する支援ニーズに対し、地方自治体が独自に、「障害者就労支援センター」といった障害者就業・生活支援センターと同様の機能を持った支援拠点を整備する動きも広がりを見せている。

文　献

1）厚生労働省，障害者の方への施策：障害者就業・生活支援センター〈http://www.mhlw.go.jp/content/000525099.pdf〉

（鈴木瑞哉）

障害者職業センター

▶障害者職業総合センター
▶広域障害者職業センター
▶地域障害者職業センター

1．位置付け

障害者雇用促進法で、「厚生労働大臣は、障害者の職業生活における自立を促進するため、次に掲げる施設（以下「障害者職業センター」）の設置及び運営の業務を行う」とし、障害者職業総合センター、広域障害者職業センター、地域障害者職業センターの3つを掲げた上で、「厚生労働大臣は、前項に規定する業務の全部又は一部を独立行政法人高齢・障害・求職者雇用支援機構（以下「機構」）に行わせるものとする」と規定している。また、同法では、「障害者職業センターでないものは、その名称中に障害者職業総合センター又は障害者職業センターという文字を用いてはならない」及び「障害者職業センターにおける職業リハビリテーションの措置は、無料とするものとする」と規定している。

2．障害者職業センターの沿革

1972年から雇用促進事業団により各都道府県に心身障害者職業センターの設置が進められた。また、1979年に身体障害者雇用促進協会により国立職業リハビリテーションセンター（埼玉県所沢市）の運営が開始された。身体障害者雇用促進法が「障害者雇用促進法」に改正され、同法の施行（1988年）に伴い、これらの施設は日本障害者雇用促進協会が運営することになり、心身障害者職業センターは地域障害者職業センターと名称を変更し、国立職業リハビリテーションセンターと1987年に開所した国立吉備高原職業リハビリテーションセンター（岡山県加賀郡）の職業評価や職業指導等を行う部門が広域障害者職業センターに位置付けられた。また、障害者職業総合センター（千葉県千葉市）が1991年に開所した。なお、障害者職業センターの運営は組織改編により、独立行政法人高齢・障害者雇用支援機構（2003年）を経て、2011年から現在の機構に移管している。

3．障害者職業総合センター

職業リハビリテーションに関する調査・研究、障害者職業カウンセラー及び職場適応援助者の養成及び研修、広域障害者職業センター、地域障害者職業セ

ンター、障害者就業・生活支援センター等の関係機関に対する職業リハビリテーションに関する技術的事項についての助言・指導、先駆的な職業リハビリテーションサービスの実践・開発等を行っている。

4. 広域障害者職業センター

　国立職業リハビリテーションセンター及び国立吉備高原職業リハビリテーションセンターは、職業評価・指導等を行う部門と職業能力開発を行う部門から構成されている。国立職業リハビリテーションセンターと国立吉備高原職業リハビリテーションセンターの職業評価・指導・就職支援等を行う部門がそれぞれ中央広域障害者職業センターと吉備高原広域障害者職業センターとされている。また、職業能力開発を行う部門は、中央障害者職業能力開発校、吉備高原障害者職業能力開発校になる。国立職業リハビリテーションセンターには、訓練科目が10科目17コースあり（2018年度時点）、基本的にはすべての障害者が受講できるが、OAシステム科の視覚障害者情報アクセスコースは視覚障害者が、職業実務科は知的障害者が、職域開発科は高次脳機能障害者・発達障害者・精神障害者がそれぞれ対象となっている。吉備高原職業リハビリテーションセンターには7科目13コースあり（2018年度時点）、機械製図科、電子機器科、システム設計科、経理事務科、OA事務科は身体障害者と難病のある者が、職業実務科は知的障害者が、職域開発科は高次脳機能障害者・発達障害者・精神障害者がそれぞれ対象となっている。

5. 地域障害者職業センター

　各都道府県に1カ所ずつ（北海道、東京、愛知、大阪、福岡には支所が1カ所）設置されており、ハローワークと密接な連携をとりながら、職業評価、職業指導、雇用対策に係わる知的障害者及び重度知的障害者の判定、職場適応援助者による支援、休職中の精神障害者の職場復帰のために主治医等と連携しながら障害者と事業主双方に対し支援するリワーク支援、事業主に対する障害者の雇用管理に関する専門的な助言・援助、関係機関に対する職業リハビリテーションに関する技術的な助言・援助等の業務を実施している。

（相澤欽一）

医療機関における就労支援

▶IPS モデル
▶復職支援
▶ACT

1．概要

医療機関が行う支援は医療の提供であり、就労支援はリハビリテーションの一環として、または医療の延長として本来業務外のサービスとして行われている。主に対象となるのは高次脳機能障害等の身体障害や精神障害、精神疾患等の精神障害である。

通院リハビリテーションや精神科デイケア、入院リハビリテーションや作業療法などが主な部署であり、その他ソーシャルワーカーがいる相談室などが担当している。ただ、医療機関は医療を行うのが主たる業務であるため、就労支援を医療機関単独で行う場合は少ない。多くは就業・生活支援センターや地域障害者職業センター等の労働機関、または医療機関を運営している法人内にある就労移行支援事業所等と連携して就労支援を行うことが一般的である。

医療機関における就労支援が活発に行われているのは精神科医療機関である。それは、わが国は長い間精神障害者は医療の対象とされ、福祉施策が遅れていたことから、精神科医療機関が就労支援までを担わなければならなかったという歴史的経過がある。また、近年は在職中にうつ病等の精神疾患を発症し、休職して精神科医療機関で治療を受け、復職支援（リワーク）を必要とする精神障害者が増加している。この部分を精神科医療機関が積極的に担っている。

復職支援については、脳の器質性疾患や脳挫傷によって高次脳機能障害となった精神・身体障害者を対象とする場合も、医療機関が積極的に担っている。この場合は、リハビリテーション科、整形外科及び脳神経外科等の医療機関が担っている場合が多い。

医療機関が行う就労支援の特徴としては、医療と統合された就労支援が挙げられる。医療と統合された就労支援はさらに、医療と統合された援助付雇用モデルと、医療と統合された職業準備性モデルに分けることができる。就労支援機関等と連携して行う就労支援については、医療と統合されていない就労支援と整理し、本項では省くこととする。本項では、医療と統合された就労支援に

絞って解説する。

2．精神疾患がある精神障害者の支援

　精神疾患がある精神障害者に対する就労支援は主に精神科医療機関で行われている。医療と統合された援助付雇用モデルと、医療と統合された職業準備性モデルに分けることができ、前者はIPSモデルやACT（Assertive Community Treatment：包括的地域生活支援プログラム）チームでの就労支援などがこれにあたるといえる。なおACTとは、重度の精神障害者を対象に、多職種によるチームが、生活の場に訪問して、生活・就労・医療などを包括的に支援することを指す。チームスタッフの職種による役割は固定せず、24時間対応で行う。ただ、わが国においては長期入院を前提とした管理的な医療モデルの影響が強く、この問題がまだ克服されているわけではない。このような特異な精神科医療の歴史と現状があるために、医療と統合された援助付雇用モデルはほとんど取り組まれていない。患者本人を中心とした多職種で構成される民主的な医療チームの実践が鍵を握っているといえよう。

　医療と統合された職業準備性モデルとしては、精神科デイケアを中心に展開されている。現在活発に取り組まれているのは、精神科クリニックのデイケアを中心とした復職支援プログラムである。うつ病を対象とした治療プログラムから発展し、現在は発達障害を含む多様な精神疾患について実証的に取り組まれている。職業準備性モデルであるため、デイケアでの集団プログラムが中心となっており、個別のマネジメントは主治医による診察場面で行われている。再発予防を含めた職場適応性を高める成果は上がっている。

　どちらのモデルも医師を中心として意思決定が行われ、精神保健福祉士や作業療法士などが主に直接支援を担っている場合が多い。

3．高次脳機能障害がある精神・身体障害者の支援

　高次脳機能障害がある精神・身体障害者の支援も復職支援が中心となっている。リハビリテーション（科）病院の医療チームにおいて、作業療法士、言語聴覚士、理学療法士、公認心理師などが主にそれぞれの専門領域で機能回復の支援を担い、他機関や復職先の事業所との調整を社会福祉士が担う形態が多い。

文　　献

1）高齢・障害・求職者雇用支援機構障害者職業総合センター（2012）医療機関における精神障害者の就労支援の実態についての調査研究，資料シリーズ№.71，高齢・障害・求職者雇用支援機構障害者職業総合センター．

（倉知延章）

地域若者サポートステーション

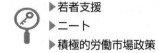

▶若者支援
▶ニート
▶積極的労働市場政策

1．若者支援の意味と枠組み

　世界経済の不況により2008年頃に起きた失業率の急速な増加は、若者の長期失業をもたらした。日本でも就業する若者の半数は非正規雇用であり、雇用、教育または訓練に従事していない無業青少年（以下、ニート）の若者は170万人（10.1%）である[3]。OECD（Organisation for Economic Co-operation and Development：経済協力開発機構）はAction Plan for Youthの中で、低技能者、移民を含む社会の中でもっとも恵まれない若者に重点を置くことが必要であるとし、短期的には給付を伴う積極的労働市場政策、長期的には教育・訓練制度の改革や職業訓練プログラムの改善を指摘している[4]。

　日本において若者支援の必要性が認識され、対応が図られるようになったのは、長期にわたる景気低迷や経済構造の変化の影響を受け、新卒者の就職難、失業率の上昇、雇用の不安定化や、所得格差の拡大及び家庭の養育力の低下が顕在化した2000年代に入ってからである。内閣府青少年育成推進本部が2003年に決定した「青少年育成施策大綱」は、次世代を担う青少年を健全に育成するための政府の基本理念と施策の方向性を初めて示した。2008年には新「青少年育成施策大綱」が策定されたが、その後も、子ども・若者をめぐる環境の変化や若者が抱える問題の深刻化が依然として課題であった。そこで、青少年への総合的推進のための枠組みの整備等を目的に、子ども・若者育成支援推進法が2009年に成立、2010年4月より施行された。「子ども・若者ビジョン」（2010年）及び「子供・若者育成支援推進大綱」（2016年）は同法8条に基づく大綱である。

　これら若者支援のうち若者の雇用については、次世代を担う青少年が安定した雇用の中で経験を積みながら職業能力を向上させ、働きがいを持って仕事に取り組める社会を築くことが重要であるという観点から、若者の雇用の促進等を図り、その能力を有効に発揮できる環境を整備するための措置を総合的に講じることを目的に、「勤労青少年福祉法」を抜本的に改正した「青少年の雇用の促進等に関する法律（若年者雇用促進法）」が2015年に公布・施行された。

２．わが国の地域若者サポートステーション事業

　2006年に開始された地域若者サポートステーション（通称：サポステ）は国の委託事業であり、支援対象者は、原則として15〜39歳のニートであって就職に向けた取り組みへの意欲が認められる者及びその家族である。支援内容は、職業的自立支援プログラムの作成と実施、実践的支援メニュー（キャリアコンサルティングプログラム、就職支援セミナー、職場体験プログラム、定着・ステップアッププログラム、就職氷河期無業者総合サポートプログラム）等である。

　地域若者サポートステーションは、前述の「若年者雇用促進法」において、ニートの職業生活における自立支援を行う施設として位置付けられ、国にはその整備を行う努力義務がある。また、新「青少年育成施策大綱」（2008年）、「子ども・若者ビジョン」（2010年）及び「子供・若者育成支援推進大綱」（2016年）においても、ニート等の若者の職業的自立支援を行う機関として位置付けられた。なお、2013年秋の行政改革推進会議では事業廃止の評価が下されたが、中退リスクのある生徒・学生を対象外とし、就職率等が明確に評価指標とされ現在に至る。

３．実績と展望

　地域若者サポートステーションは、全国に177カ所設置される（2018年度）。2018年度の実績は、総利用件数484,139件、新規登録者数16,271人、就職者数10,104人（就職率62.1％）であった[1]。紹介等を受けて地域若者サポートステーションの支援を受けた者への着実な効果が見られる。一方で、OECD各国で行われる積極的労働市場政策に比べると経済的支援の手段を持っていない点で、その対象を網羅できる範囲は限られている。直接的なアウトリーチの推進、及び体系的なフォローアップの強化が今後の課題である。

文　　献

1 ）厚生労働省，数字でわかるサポステの実績〈https://saposute-net.mhlw.go.jp/results.html〉
2 ）宮本みち子（2015）若年無業者と地域若者サポートステーション事業，季刊社会保障研究，51, 18-28.
3 ）OECD (2013) THE OECD ACTION PLAN FOR YOUTH : GIVING YOUTH A BETTER START IN THE LABOUR MARKET, OECD〈http://www.oecd.org/newsroom/Action-plan-youth.pdf〉
4 ）OECD（2017）若者への投資：日本・OECDニートレビュー，OECD〈http://www.oecd.org/els/soc/Investing-in-Youth-Japan-bilingual-booklet.pdf〉

（大村美保）

発達障害者支援センター

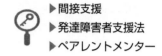

▶間接支援
▶発達障害者支援法
▶ペアレントメンター

1．はじめに

　発達障害者支援センターは、発達障害児者への支援を総合的に行う機関である。関係機関と連携しながら、発達障害児者及びその家族、関係者からの相談に応じ、指導・助言を行うとともに、関係機関との連携強化や各種研修等の実施により、発達障害児者に対する地域における総合的な支援体制の整備を目指している。実際の事業内容等は各地域の状況に応じて地域性があり、センターにより異なっている。

　発達障害者支援法により、すべての都道府県及び政令市に設置することが定められている。自治体によっては複数箇所設置している所もあり、2019年時点で全国に96カ所[1]のセンターがある。要綱ではスタッフは専任3名、また社会福祉士の配置が規定されている。センターによっては、スタッフがより多く配置されている所もある。また、その他の専門職として精神保健福祉士、臨床心理士、言語聴覚士、医師等を配置している所もあるなど、スタッフの構成もさまざまである。

　特に近年では、個別の相談に応じる直接支援から、中核機関として市町村や関係機関をバックアップすることへ業務のウエートを移行し、その機能を強化することが求められている。また、発達障害者地域支援マネージャーと呼ばれるその役割に特化した人員を配置しているセンターも多い。

2．支援内容

　直接支援としては、電話相談及び来所相談等の形態で、対象者本人及び家族、関係者からの相談に無料で対応している。関係機関や制度に関する情報提供、幼児期の発達に関する事柄や学齢期の進路、就労や成人期の生活に関する事柄、発達障害が疑われる未診断事例、重度の知的障害を伴う行動障害の事例等々、多種多様な内容や事例が相談対象となりうる。直接支援においても、対象者本人や家族がより身近な地域で支援を受けられるよう、センター単独ではなく関係機関との連携のもと支援にあたり、間接支援へと移行していくような対応を取っていることが多いと思われる。たとえば、就労を主訴とした相談で

あれば、対象者の状況や希望、特性等を踏まえ、段階的に医療機関、地域若者サポートステーション、ハローワーク、障害者就業・生活支援センター、地域障害者職業センター、就労移行支援事業所、企業等と連携しながら、就労までの過程及び就労後の定着に向けて伴走を行う。センターによっては、地域の状況を鑑み、あらかじめ相談対象を年齢等で区切っているところもある。

　間接支援としては、個別事例、あるいは事業所等の単位での対象者への対応に関するコンサルテーションに加え、国が別途予算化しているペアレントメンター（発達障害のある子育てを経験し、かつ相談支援に関する一定のトレーニングを受けた親を指す。同じような発達障害のある子どもを持つ親に対して共感的なサポートを行い、地域資源についての情報を提供する）の養成と運用、保護者が子どもへの対応について学ぶプログラム（ペアレントトレーニング、ペアレントプログラム）やアセスメントツール、SST 等の普及を目指した研修実施やコンサルテーション、その他さまざまなライフステージにおけるさまざまなテーマでの研修会開催、各種協議会等への参画等のうち、センターそれぞれが地域の状況を踏まえて必要と思われる内容を実施している。たとえば千葉県では、個別のコンサルテーションや協議会参画に加え、ペアレントメンターの養成と活用、地域におけるペアレントトレーニング実施支援、強度行動障害に関する実践研修、若年コミュニケーション能力要支援者就職プログラムに協力する形でのハローワーク職員を対象とした研修、就労支援事業所や企業を対象とした研修、その他一般向けの普及研修等を実施している。

　以上のように、発達障害者支援センターは、発達障害に特化した相談支援機関としての機能にあわせて、地域の発達障害者支援体制整備促進の中核としての機能を担う機関である。各センターが地域の状況に合わせて事業内容を組み立てているため、その詳細はさまざまである。当該地域のセンターの事業内容を確認いただき、支援連携に役立てていただきたい。

文　献

1 ）国立障害者リハビリテーションセンター発達障害情報・支援センター，発達障害者支援センター一覧〈http://www.rehab.go.jp/ddis/ 相談窓口の情報 /〉

（縄岡好晴）

生活困窮者自立支援制度

▶自立相談支援事業
▶就労準備支援事業
▶就労訓練事業

1．福祉国家再編戦略としての生活困窮者支援

　従来の福祉国家は、完全雇用に近づけた状態を想定しつつ、老齢、疾病、失業等の社会的リスクが生じた場合には国家が最低限度の生活保障を行う、事後的救済モデルであった。救済にあたっては、多数の人々の集団に一定確率で発生する社会的リスクには社会保険方式、それ以外の社会的リスクには税財源を用いた社会扶助方式が採用された。日本における後者は、一定水準以下の低所得層に対する生活保護と、児童、高齢者、障害者の救済のため施設収容を基本とした福祉サービスがその中心であった。

　1980年代に入ると、競争力低下、個人の自由の制限などを理由に新自由主義の立場から福祉国家批判が行われ、市場メカニズムを重視した政策へと転換する。日本の社会福祉においても、1990年代には社会福祉関係八法改正（1992年）による在宅福祉サービスの法定化、社会福祉基礎構造改革（1998年）による福祉サービスの準市場化等、自由市場主義に基づく政策変更が行われた。

　新自由主義政策のもとでは国営企業の民営化や規制緩和により市場メカニズムが活性化した一方で、脱工業化や経済のグローバル化、社会・家族の変化がもたらされた。その結果、1990年代以降、欧米を中心に、貧困、労働市場からの排除、人間関係からの分断や孤立といった社会的排除が顕在化した。そこで、1990年代末には、自由市場主義と旧来の福祉国家主義の弊害を乗り越え、両者の共存を目指す「第3の道」が志向され、機会の平等の確保を目指すようになった。日本においても、安定成長期が終焉した後の1990年代後半に入ると、構造的な景気低迷が続き、特に稼働年齢層の貧困が顕著となった。そして、従来は救済の対象として意識されていなかったホームレス、母子世帯の母、ひきこもりの若者等に対し、生活のしづらさに寄り添いその解決を図って尊厳を回復するとともに、労働市場への再統合を目指す政策が分野別に散見されるようになった。

　2015年4月施行の生活困窮者自立支援法は、これら初期の福祉国家再編策

を発展・再構成し、対象を限定せずに生活困窮者に対して支援を行う、全国で実施される制度である。生活保護制度に至る前の段階での自立支援策と位置付けられる点で旧来の事後的救済モデルと明確に異なる。

2．生活困窮者自立支援制度の構成

実施主体は福祉事務所を設置する自治体である。制度は大別して、①生活困窮者の自立と尊厳を確保するための寄り添い型の包括的な相談支援を行う自立相談支援事業と、②本人の状況に応じたメニュー型支援として、住居確保給付金の支給、就労準備支援事業、一時生活支援事業、家計相談支援事業、学習支援事業及びその他の事業で構成される。自立相談支援事業と住居確保給付金は必須事業（国庫補助3/4）であり、その他の事業は任意事業であるが、2018年10月より自治体各部局で生活困窮者を発見した場合の各種事業の利用勧奨、及び就労準備支援事業と家計改善支援事業の実施が努力義務化された。

生活困窮者自立支援制度を構成する事業のうち、職業リハビリテーションと関連が高いのは就労準備支援事業と就労訓練事業である。就労準備支援事業は、一般労働市場での就労に必要な訓練を有期で実施する。これに対し、就労訓練事業は、いわゆる「中間的就労」であり、一般労働市場での雇用継続が困難な生活困窮者に対して、就労機会の提供及び就労に必要な知識や能力の向上のために必要な訓練を行う。非雇用型と支援付雇用型の2つの形態がある。

3．展望と課題

生活困窮者自立支援制度の2018年度の新規相談受付件数は237,665件、うちプラン作成件数77,265件、就労支援対象者数33,969件であり、生活困窮者自立支援制度による支援は、制度創設以降、着実に増加傾向にある[2]。一方、任意事業である就労準備支援事業を行う自治体も年々増加しているが、全国で48％とようやく半数近くの実施率にとどまる。

社会的排除からの脱却には、複雑に絡んだ生活課題を解決するとともに、人間関係からの分断や孤立を乗り越えて意味のあるつながりの再構築が重要となる。自立相談支援事業による適切なアセスメントのもと、1人ひとりに寄り添い、社会への再統合を図ることが望まれる。

文　献

1）厚生労働省（2018）生活困窮者自立支援制度，厚生労働省〈https://www.mhlw.go.jp/stf/seisakunitsuite/bunya/0000059425.html〉
2）厚生労働省社会・援護局（2019）令和元年度生活困窮者自立支援制度ブロック会議説明資料〈https://www.mhlw.go.jp/content/000553258.pdf〉

（大村美保）

第Ⅴ部

職業リハビリテーション・就労支援の方法

職業リハビリテーションのプロセス

▶アセスメント
▶プランニング
▶職場開拓

1．概要

　就労支援は、①就労相談、②施設内就労準備、③職場開拓、④企業内就労準備と雇用移行支援、⑤就職後のフォローアップというプロセスで行われる。必要に応じて②や④を省略する場合もある。なお、大まかな過程はこの通りであるが、名称については諸説あることを理解しておきたい。

2．就労相談

　就労相談は、①インテーク、②アセスメント、③プランニングで構成される。インテークとは、本人の主訴・希望を受け止めてよい信頼関係を結ぶこと、機関の説明を行って本人の主訴と機関の提供するサービスが適合しているか確認すること、本人と援助契約を結ぶことがその内容である。

　アセスメントとは、本人が自分の職業能力・適性等を理解するために行うもので、心理または作業検査、関係機関等から情報収集、本人からの職業経験等のヒアリングなどを行って、職業関連の能力に関する情報を収集し、その結果を本人と一緒に分析すること（これを機能評価ともいう）、それと同時に、障害者本人を取り巻く環境（家庭、地域、職場、友人関係、支援機関、活用できる制度）などに関する情報を収集し、本人と一緒に分析すること（これを資源評価ともいう）、この双方を行うことをいう。

　プランニングとは、アセスメント結果を本人と相談し、どのような仕事についたらよいのか、どのような方向に進んだらよいのか、どのような就労準備をしたらよいのかなど、就職に至るプロセスなど今後の方向性を決めることをいう。プランニングは、関係機関も含めたケア会議として行うこともよくある。

　ソーシャルワークでは一般的にこのような整理をするが、労働サイドでは、就労相談を含めて本人と相談することを職業相談といい、アセスメントとプランニングをまとめて職業評価ということが多い。

3．職場開拓及び施設内就労準備

　就労相談の結果、就労準備を行ってから就職を目指す場合は、就労移行支援事業所や職業能力開発校など施設内で行う就労準備を行うか、実際に就職を目

指す企業の場で就労準備を行うかのどちらかになる。

就職を目指す企業の場で就労準備を行う（企業内就労準備）場合は、職場開拓を行うことになる。企業関係者と交渉を行うとともに、職場環境のアセスメントを行い、企業内就労準備の援助プランを策定する。企業内就労準備の前に施設内就労準備を行う場合は、グループダイナミクスを活用し、職業生活リズムや習慣の確立、基本的な対人態度・技能の獲得、自信や自尊感情の回復などを行う。また、職業能力開発校においては、職業訓練として特定の職業技能を身につけることを行う。

４．企業内就労準備と雇用移行支援

精神障害や知的障害など認知機能に障害がある人は、施設内就労準備において作業活動を行っても、そこで身につけた作業能力を企業という別の場面で発揮することに困難を伴う。そのため、援助付き雇用など、就職を希望する企業内を活用して就労準備を行い、そのまま雇用へと移行させる支援が主流となっている。援助内容は仕事や職場環境への適応が主となる。そのために、障害者本人と企業の従業員の双方を援助することも特長である。

なお、労働サイドでは、就労準備と職場開拓を職業指導といい、職業能力開発校で行うものを職業訓練ということが多い。雇用への移行支援のうち、公共職業安定所が行うものを職業紹介という。教育サイドでは職場実習ともいう。

５．就職後のフォローアップ

就職後のフォローアップとは、就職後に職場不適応になり、不本意な形で離職となることを防いだり、問題解決を行う援助をいう。対象は企業主と障害者本人の双方であり、①個別相談、②支援者の介入を少なくしたメンバー主導のグループによる相互支援組織の育成支援、③職場における再集中支援などの方法で行う。なお、労働サイドでは職場適応指導という場合が多い。

（倉知延章）

職業相談（就労相談）

▶職業カウンセリング
▶キャリアコンサルティング
▶進路指導

1．職業相談とは

　職業相談は職業紹介に先立って行われ、その意義は職業紹介によって雇用関係が成立する可能性を高めることにあるとされる。雇用関係は立場が異なる雇用主と求職者が雇用契約により結びつく関係である。立場の違いを調整することが職業相談の機能であり、職業相談に従事する者の役割である。

2．職業相談の背景理論

　パーソンズ（Parsons, F.）は個人の能力や特性と職業的に求められるスキルを上手に適合させることを唱え特性因子論と呼ばれるようになった。特性因子論は「適材適所」の配置をめざす考え方として理解しやすいが、人間の成長や発達による変化を考慮していなかった。スーパー（Super, D.E.）は職業発達理論を提唱した。職業的な発達の過程は職業を通じて自己概念を実現する過程であるとしてライフステージ論を提起した。ホランド（Holland, J.L.）は六角形モデルと呼ばれる職業選択理論の構築に業績を残した。六角形モデルは人を「現実的」「研究的」「芸術的」「社会的」「企業的」「慣習的」の6つのパーソナリティータイプに分類し、職業の特徴についてもこの6つの要素で説明が可能であるとした。

3．職業相談が行われる場

　わが国において職業相談を含む職業的な指導に関する国の見解が明らかにされたのは1927年の文部省訓令第20号が最初のものであるとされる。訓令には「青少年をして其の性能の適するところに向かわしむる」「各人の長所を発揮」など、個人の成長を図る意図も垣間見ることができるものの、それは当時の国家的要請に応えることが目的であった。戦後はアメリカにおける進路指導の理念が取り入れられ、文部省の進路指導資料にも「生徒自ら将来の進路の選択・計画を行う」と記述され、生徒の将来を拓くための進路指導が行われるようになった。学校での職業相談は高等学校が中心であったが、18歳人口の減少と大学進学率の上昇に伴い、高等学校卒業時に就職する者は大幅に減少し、新規学卒者の職業相談の場は今や大学にその場を移しているといえる。成人の職業

相談が行われる代表的な機関は公共職業安定所であるが、職業紹介が民間事業者によっても行われるようになり、職業相談が行われる場は広がっている。障害者の就労支援との関係では、職業相談は職業評価を含んだ職業カウンセリングと同義に用いられることがある。職業カウンセリングととらえた場合には、公共職業安定所、障害者職業センター、障害者就業・生活支援センターのほか、障害福祉サービスとして就労支援を行っている就労移行支援事業所や若者支援を行っているNPO法人などでも、それを標榜するかどうかは別として職業相談が行われていると考えることができよう。

４．職業相談の内容と技法

パーソンズが唱えた人と仕事とのマッチングの考え方は、現在でも職業相談の主流である。人と仕事との適合を図るために「求人選択への助言」「選択求人の適格性のチェック」などさまざまなサービスが提供される。障害者の就労支援では、相談室での助言だけでなく、職場見学を行うことも多い。

相談技法としては非指示的技法と指示的技法とが併用され、特定の理論に依拠しているわけではない。

５．キャリアコンサルティングとの関係

キャリアコンサルティングとは「労働者がその適性や職業経験等に応じて自ら職業生活設計を行い、これに即した職業選択や職業訓練の受講等の職業能力開発等を効果的に行うことができるよう、労働者の希望に応じて実施される相談」とされる。これまでの職業経験を踏まえて職業生活の発展をめざそうとする職業能力開発の支援という要素が強く、職業相談とは意味を異にしている。

６．IT社会と職業相談

IT化の進展に伴ってインターネット上で求人情報の一部を入手したり、適職診断を標榜するサイトにアクセスすることができるようになっている。ネット情報を取捨選択するための助言は、IT社会における職業相談の新たな役割であるといえる。

（後藤祐之）

支援計画

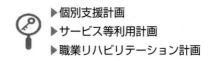

▶個別支援計画
▶サービス等利用計画
▶職業リハビリテーション計画

1. 障害者総合支援法における支援計画

　障害者総合支援法ではサービス等利用計画や個別支援計画はPDCAサイクルを意識し、ケアマネジメントが有効に実施されるための重要なツールと位置付けられている。短期、長期の目標をもってサービスを実施し、本人や家族との合意形成、また他機関との連携にも活用される。

　おおよその流れとしては市区町村に利用申請時にサービス等利用計画案[1]を提出し、審査会等を経て障害支援区分が認定され支給決定、サービス等利用計画を提出、サービスの利用開始となる。ただし、就労移行支援や就労継続支援A型、B型の利用の際には支給条件の区分は不要である。

　サービス等利用計画（案含む）の作成は指定相談支援事業者が行うが、指定相談支援事業者が身近な地域にない場合、本人が希望する場合には本人や家族、支援者が作成したサービス等利用計画案（セルフプラン）を提出することもできる。この点に関しての運用は自治体により状況が異なっている現状がある。

　サービス等利用計画は指定相談支援の相談支援専門員が本人や家族の希望や目標を聞き取り、総合的な援助の方向性や課題を整理し福祉サービス事業所間の調整を行い作成する。この際に既存サービスの組み合わせだけでなく、本人の望むライフスタイルを踏まえて計画を作成することがポイントとなる。

2. 個別支援計画

　福祉サービスの受給決定後に利用者はサービス提供事業者と利用契約を行い、サービス管理責任者がアセスメントを行った上で利用者と個別支援計画を作成する。本人や家族にとってサービス等利用計画との違いがわかりにくい面があるが、サービス等利用計画はサービスが効果的に利用されるための総合的な計画であることに対し、個別支援計画は事業所を利用するにあたっての個別的な支援計画である。「個別」とある通り、集団的、画一的な計画ではなく、利用者本人の意向を受け、より掘り下げた内容となる。様式は事業所ごとに異なる。

個別支援計画は事業所内で定期的にモニタリングが行われ、3カ月ごとに計画の見直しがなされる。就労支援では企業実習を行うなど就職活動が進んで、目標や課題が変化した際にも見直しを行う。

3. その他の利用計画（職業リハビリテーション計画、個別の支援計画、個別移行支援計画）

　障害者職業センターでは、職業相談、職業評価を行い今後の方向性、取り組みを「職業リハビリテーション計画」として策定する。

　また、障害のある子どもに対し教育、医療、福祉、労働等の関係機関が連携して一貫した支援をするために「個別の支援計画」を作成する。学校や教育委員会などの教育機関が中心になって作成する場合「個別の教育支援計画」という。

　障害のある生徒に対しては教育現場での個別教育支援計画の1つとして「個別移行支援計画」を作成する。学校、保護者が在学中に福祉、医療、行政、企業とネットワークを作り、支援の狙いや内容の共通理解を図る文書である。

文　献

1）厚生労働省，サービスの利用手続き，〈https://www.mhlw.go.jp/bunya/shougaihoken/service/riyou.html〉
2）全国社会福祉協議会（2018）障害福祉サービスの利用について，全国社会福祉協議会〈https://www.shakyo.or.jp/news/pamphlet_201804.html〉

（大島みどり）

職業評価

▶面接
▶場面設定法
▶行動観察

1．職業評価の概念

　ILOの職業リハビリテーションの基本原則は、職業評価を「障害者の身体的・精神的・職業的な能力と可能性について明確な実態を把握すること」とし、障害者雇用促進法では、職業評価を「障害者の職業能力、適性等を評価し、及び必要な職業リハビリテーションの措置を判定することをいう」としている。前者はケアマネジメントのアセスメント、後者はアセスメントとプランニングの両方を含んでいる違いはあるが、双方とも評価の対象は障害者個人とされている。ただし、「職業的な能力や可能性」を把握するためには、本人が希望するもしくは就業が検討できそうな企業の状況やフォーマル・インフォーマルな社会資源など、本人を取り巻く環境条件も併せて把握する必要がある。

2．職業評価で収集・整理する情報

　把握すべき障害のある個人の情報としては、本人の希望（内容・理由・現実検討の状況等）、職歴や生活歴、社会生活能力、基本的労働習慣、職務遂行能力、病気や障害の状況等がある。

3．職業評価の方法と留意点

　職業評価の方法は、面接、検査、ワークサンプル、場面設定法、職務試行法（職場実習）、関係機関からの情報収集等がある。ここでは他の項目（アセスメントツールや職場実習）にないものを中心に取り上げる。本人を取り巻く環境条件を把握する方法は、面接、他機関からの情報収集、求人票や職場見学などがあるが紙面の都合上割愛する。

（1）面接

　職業評価の中でもっとも多く用いられる基礎的な評価法である。本人の状況を全般的に把握できるが、主観的になりやすく一貫性に欠ける危険もあるため、聴取項目を統一する、関係機関からの情報収集に努める等によって客観性が損なわれることのないようにする。傾聴のスキルを身につけスムーズに面接ができるようにするとともに、情報把握の必要性を本人と支援者が共有する、本人の希望と関係付けて情報を聴取・整理する、把握した情報を文字化・図表

化する等により、本人・支援者が話し合われたことに対する理解を深めるように留意する。

（2）場面設定法

模擬的就労場面を設定し、作業の取り組み状況を通じ評価する方法である。面接、検査、ワークサンプルでは十分把握することが難しい集団との係わりや時間的経過に応じた状況の変化や労働習慣等を把握できる。設定場面が実際の職場とかけ離れている場合や従事作業が本人の希望するものと異なる場合は、動機付けの点からも適切な情報把握が難しくなるため、実際的で本人の希望に沿った作業場面の設定が望ましい。地域障害者職業センターの職業準備支援、就労移行支援や就労継続支援等も場面設定法として活用できる。

（3）行動観察

行動観察は職業評価の全過程で行われる。行動観察を適切に行うことで、面接や検査の裏付けや面接・検査では得られない情報を得ることもできる。場面設定法や職務試行法では、行動観察の精度が状況把握の精度に直結する。特に、言語表現が十分にできない者は行動観察による評価が重要となる。観察では、観察に伴う先入観（発達障害と診断された人の行動を観察する際に、観察者が「発達障害の特徴」と見なす行動に注目し、それ以外の行動を無視する等）の問題や、被観察者に対する観察者の感情が観察に及ぼす問題に留意する。観察された行動をチェックリストにより整理する際には、評価する行動（集中力や持続力等）を具体的に定義し評価の基準を明確にしておく。

4．情報の整理

収集した情報は、本人の特徴、セールスポイントやできていること、課題点や苦手なこと、本人が取り組む努力や工夫、必要な支援や配慮という視点から整理する。この際、支援者は本人が主体的に情報を整理できるよう支援する視点が求められる。本人が主体的にとりまとめたものは、自己紹介書、ナビゲーションブック、就労パスポートなどとして、就職時や定着時の企業への説明資料にもなる。

文　献

1）相澤欽一（2012）情報の収集・整理, 日本職業リハビリテーション学会（編）, 職業リハビリテーションの基礎と実践, 100-123, 中央法規出版.

（相澤欽一）

職業準備

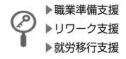

▶職業準備支援
▶リワーク支援
▶就労移行支援

1．職業準備を考える際の留意点

　職業準備とは、職業生活を開始するための要件を準備することと考えられる。職業生活を開始するための要件として、①職務遂行に必要な技能、②職業生活の維持に必要な態度や基本的労働習慣、③職業生活を支える日常生活・社会生活面の能力等が想定されるが、一般的に①は職業能力開発の枠組みでとらえられ、職業準備向上の取り組みは②や③に力点が置かれることが多い。③は健康面や生活管理、社会生活能力等の幅広い内容を含んでいるため、その向上の取り組みは医療・保健・福祉・教育等の領域や家庭でも行われる。職業リハビリテーション領域での主な取り組みは、就業イメージの明確化、就業に対する自信の獲得・回復、一般的な職場ルールの理解促進、職場で求められる基本的な対人技能の習得、基礎的な作業能力（持続力、正確性等）の向上など②が中心になるが、必要に応じて、基礎的な体力作りや規則正しい生活リズムの確立、安定した職業生活の継続を視野に入れた健康維持・増進の習慣作り、就職後の支えになる仲間作りや余暇活動の取り組みなど③に関連する事項も視野に入れる必要がある。

　また、職業生活を開始するための要件は、企業の障害者雇用の考え方や支援機関の支援スキルなどにより異なるため、職業準備の絶対基準を設定し、個人に必要条件が用意されているか画一的に判別することはできない。職業準備向上の取り組みでは、職業生活を開始するための要件をハードルと考えるのではなく、職業生活の継続のために本人が努力すべきこと、企業が配慮すべきこと、支援者が支援すべきことを整理するための視点としてとらえることが求められる。

　さらに、①本人が職業準備の必要性を理解すること、②職業に関連する情報提供の工夫（求人票や職場見学など具体的な情報提供、支援対象者と同じような障害をもつ就職している人たちや企業からの情報提供等）、③企業での実習（職場実習の項目参照）、④職業準備の取り組みの振り返り（職種や労働条件等の求職活動の目標や職場適応を図るための対処法を職業準備の取り組みの中で

明確にし、職業準備の取り組みで形成された本人と支援者の関係性を次の支援に活かす、そのために職業準備の取り組みに振り返りを明確に位置付ける)、⑤ジョブコーチ支援など他制度や他機関との連携、⑥職業生活を通しての職業準備の向上の視点(就職後の職業能力開発や職場環境変化への対応)等が、職業準備の取り組みを効果的に行うためのポイントになる。

2. 職業準備の取り組み

(1) 就職に向けた取り組み

就職に向けた職業準備の取り組みは、就労移行支援、就労継続支援A型・B型、地域活動支援センター、地域若者サポートステーション、発達障害者支援センターなどさまざまな機関で実施されているが、紙面の都合上、詳細は関連項目を参照いただきたい。

ここでは、一例として地域障害者職業センターの職業準備支援を取り上げる。職業準備支援は、利用者の希望や状況に応じ、模擬的就労場面での作業体験、履歴書の書き方や面接の受け方の練習、対人技能訓練、グループワーク、リラクゼーション、疾病や障害に関する講座、職場実習体験等を組み合わせ個別プログラムに基づき実施する。支援期間も数週間～12週間で個別に設定される。

(2) 復職に向けた取り組み

精神障害等により休職している者を対象に、生活リズムの再構築、体調や気分の自己管理、基礎体力・集中力・持続力の向上、ストレス対処や対人スキルの習得などを図るリワーク支援が、医療・保健機関や地域障害者職業センターなどで実施されている。具体的には、通所による作業訓練、疾病管理の講座、認知療法、対人技能訓練、リラクゼーション、利用者同士の復職に向けたグループワークなどのプログラムを提供する場合が多い。また、休職者に対する支援と併せて、復職先の職場に対する助言などを実施する場合もある。

文　献

1) 相澤欽一 (2012) 職業準備性の向上, 日本職業リハビリテーション学会 (編), 職業リハビリテーションの基礎と実践, 134-137, 中央法規出版.

（相澤欽一）

職業紹介

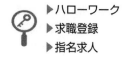

▶ハローワーク
▶求職登録
▶指名求人

1. 職業紹介の定義とその概要

　職業安定法によると、職業紹介とは求人及び求職の申し込みを受け、求人者と求職者の間における雇用関係の成立を斡旋することをいい、職業紹介事業は国が無料で行う機関として公共職業安定所（以下、「ハローワーク」）と、それ以外の者が行うものとを規定している。ハローワーク以外の職業紹介には無料ないし有料で行うものがあるが、労働者保護を踏まえた適正な職業紹介の実施にあたり、有料にて職業紹介事業を行う場合は厚生労働大臣の許可を受けなければならず、その有効期間は3年である。無料の職業紹介事業を行う場合も厚生労働大臣の許可を受け、その有効期間は5年となっている。また、学校教育法の規定による学校等が職業紹介を行う場合は厚生労働大臣に届け出ることが必要であり、地方公共団体が行う場合は厚生労働大臣に通知する必要がある。官民問わず職業紹介をする者は求職者に対し、その能力に適した職業を紹介し、求人募集を行う求人者に対し、その雇用条件に適合する求職者を紹介するよう努めなければならない。このように、ハローワークとそれ以外の者が行う職業紹介事業が相まって、効果的な労働力の需給調整が望まれる。

2. 求人の受理

　ハローワークが全国規模で無料により職業紹介事業を行う理由として、日本国憲法に規定される職業選択の自由と勤労権を確保することが挙げられる。その責務としてハローワークは労働市場のセーフティネットとしての機能を果たすべく、すべての求職者が公正な職業紹介を受けられるよう、障害者、高年齢者等の就職困難者に対し各種の支援を行っている。公正な職業紹介を行うために欠かせない事項として、求人の受理がある。ハローワークは求人者に対し、できるだけ希望に沿う適格者を紹介するよう努める必要があり、法令に違反する場合を除きいかなる求人も原則受理しなければならない。しかし、障害者雇用を例にすると、事業主は障害者に対し、労働者の募集及び採用について障害者でない者と均等な機会を与えなければならず、単に障害者だからという理由により障害者を募集対象から排除し、障害者より障害者でない者を優先した、

就職差別につながる恐れのある求人については受理を拒むことができる。それにとどまらず、障害者雇用という社会連帯の理念に基づく雇用指導を事業主に対して行っている。また、通常に受理した求人だけでなく、障害者を雇用しようとする事業主に対しては、障害者の求職情報を提供し、障害者雇用に係る助成金、職場適応援助者（以下、「ジョブコーチ」）支援等の各種支援メニューについて説明し求人開発、求人開拓を行っている。

3．障害者の求職登録から職業紹介の流れ

　ハローワークにおける求職登録から職業紹介までの過程は以下の通りである。障害者の求職登録については、ケースワーク方式による入念な職業指導、職業紹介、就職後の定着支援を行うために、原則居住地で登録し詳細を記録する。登録後は当該障害者の状況を適宜把握し、転居や就職後はそれぞれの登録の変更や就職後の定着依頼等を転居先や就職先の管轄ハローワークに連絡をする。求職登録後はハローワーク内において、企業の障害者雇用率達成指導を行う雇用指導官と求人部門を含めた連携を取り、斡旋計画を立て、求職者に対し職業紹介を実施していく。斡旋計画を実施する際に、職場実習、職業訓練、障害者トライアル雇用、ジョブコーチ支援、各種助成金の活用を考慮する。また、職業紹介を行うにあたり、すでに受理している求人のみで不十分な場合、ハローワークは求人開拓を行い求人の確保に努めている。なお、求人開拓にあたり障害者雇用率達成指導の実効性を確保するため、雇用指導官は専門援助部門に配置されている就職支援ナビゲーター、精神障害者雇用トータルサポーター、発達障害者雇用トータルサポーター等と連動し、障害者雇用率未達成企業に対し積極的に障害者の雇入れを働きかけている。その折、事業主に対し障害者の求職情報を提供し、その中から事業主が指名した求職者を対象に求人票を作成することがある。この求人を指名求人という。ハローワークは事業主から指名求人を受理し、特定の障害者に職業紹介を行うことができる。

　　　　　　　　　　　　　　　　　　　　　　　　　　（太田幸治）

職業指導

▶キャリア発達
▶ハローワーク
▶定着支援

1．職業指導の定義

　1900年代にパーソンズ（Parsons, F.）が開始した職業カウンセリングを契機に、アメリカで職業教育、キャリア教育が発展した。1950年代にはスーパー（Super, D.E.）によって、職業指導、職業紹介は単なるマッチングではなく人生を通じたキャリア発達と定義され、今日の就職支援における職業指導の基本として定着している。わが国の職業指導に目を向けると、労働行政用語として以下に定義されている。職業安定法によると職業指導とは、職業に就こうとする者に対し、実習、講習、指示、助言、情報の提供、その他の方法により、その者の能力に適合する職業の選択を容易にさせ、その職業に対する適応性を増大させるために行う指導をいう。特に障害者の雇用促進にあたり、公共職業安定所（以下、「ハローワーク」）は身体または精神に障害のある者についての職業指導は特別な奉仕と紹介技術をもって、その者が関心を有し、かつ身体的及び精神的能力ならびに技能にふさわしい職業に就くことができるよう助言、援助をしなければならないと、職業安定法施行規則に規定されている。

2．障害者に対する職業指導

　障害者の職業指導にあたり重要なことは、当該障害者の的確な情報を入手し職業紹介に生かし、障害者が就職するまでではなく、就職後も引き続き行うことである。就職前から就職後の助言、指導を一連の過程として実施するため、障害者の求職登録は一般求職者より手厚い取り扱いとなる。ハローワークでは専門援助部門内に障害者に特化した窓口を設置し、そこで求職登録及び相談を受け付けている。初回登録時に、各種障害及び難病の知識を有する相談員が、当該障害者の求職ニーズ、学歴及び職業経歴、職業訓練歴、障害等級及び障害特性、生活状況、障害年金受給等の経済状況、通院及び服薬の状況、障害者職業センター等の就労支援機関の評価結果、各種福祉制度の利用状況等の個人的特質に関し把握する。相談員はこれらの諸情報に基づき、当該障害者が持参した求人票、あるいは相談員が情報提供した求人について検討し、助言を行っている。

具体例として、直近まで倉庫内で運搬等の身体作業を中心に働いていた精神障害のある求職者が、事務職の求人票を持参の上、ハローワークの障害者窓口を訪れたとする。対応した相談員は、事務職に関連する職務経歴ならびに職業訓練歴について未経験であることを確認し話を続け、事務職を選んだ理由について尋ねた。求職者は「腰を痛めてしまい、もう立ち仕事はできないと思って、座り仕事なら事務と思いました」と話し、相談員が「基本座って行える仕事で、工場内の検品作業です。これなら倉庫内の経験も生かせるのではないでしょうか」と別の求人を提案し、求人紹介に至った。このように求職者の状態と職務経験を考慮し、就職後の定着の可能性を含め、助言ならびに情報提供することが職業指導の在り方である。

3. 就職後の職業指導

　通院時間の確保、認知機能の障害、感覚過敏等、障害者は障害者でない者より職業生活への適応に困難を有する場合がある。一方、事業主は初めての障害者雇用、あるいは雇用経験があっても障害の種類や程度もさまざまとなると、雇用継続に不安を感じるかもしれない。そのためハローワークでは当該障害者と事業主の両者に対し、就職後も定着支援という形の職業指導を行っている。ハローワークの専門援助部門に配置されている就職支援ナビゲーター等が、当該障害者が就職した事業所を直接訪問あるいは電話、FAXによるコミュニケーション手段を柔軟に組み合わせ、当該障害者及び事業主から就労継続に向け聞き取りを行っている。同時に、当該障害者が地域障害者職業センター等の就労支援機関を利用している場合、支援機関の職員と事業所訪問を行うこともある。

文　献

1）木村周（2018）キャリアコンサルティング理論と実際　5訂版，雇用問題研究会．

（太田幸治）

ジョブマッチング

▶アセスメント
▶職務分析
▶職務再構成

1．定義と用いられ方

　障害のある人の特徴と、職場の特徴の最適な組み合わせを作り出すことをジョブマッチングという。ジョブマッチングのプロセスには、以下の要素が含まれる。障害のある人の特徴を調べる「障害のある人のアセスメント」、障害のある人の特徴や希望を踏まえて向いた職場を見つける「職場開拓」、職場や仕事の特徴を調べる「職場のアセスメント」である。そこに、障害のある人の特徴と職場の特徴の最適な組み合わせを作り出すための「さまざまな調整」のプロセスが加わる。以上の要素が備わり統合された状態が、ジョブマッチングといえる。

　ジョブを省略して、マッチングと表現・表記されることもある。またジョブマッチングがうまくいっていない状態は、ミスマッチング（ミスマッチ）といわれる。

2．職場開拓

　適切なジョブマッチングのためには、既存の求人に障害のある人を当てはめるだけではなく、障害のある人に合った職場を積極的に探し、「人に仕事を合わせる」視点で企業と調整する、職場開拓がより重要となる。職場開拓の実施にあたり、就労支援側に求められるスキルは幅広い。地域情報の把握、企業へのアプローチ、ハローワーク等関係機関との連携、そして仕事を見つけ・切り出す職務分析と職務再構成のスキル、加えて障害のある人の意思決定を支援する力なども挙げられる。

3．ジョブマッチングの3つのレベル

　ジョブマッチングには大きく分けて3つの段階がある。1つ目が職業紹介段階における求人票と障害のある人のマッチングであり、2つ目は職場が決まってから配置、職務、勤務時間、指導体制など詳細なマッチングを検討する段階、3つ目は雇用・就労継続上の変化（職場の変化、障害のある人の変化）に合わせてマッチングを調整していく段階である。

　職業リハビリテーションの対象には、職業紹介段階のマッチングだけで最適

な組み合わせを作り出すことが困難な障害のある人も多くいる。あるいは初めての障害者雇用など、雇入れ体制や雇用管理に不安を抱える企業も存在する。そのようなケースでは、就労支援の専門家が職場の中に入り、職場のアセスメントをもとにさまざまな調整を行う2つ目、3つ目のマッチングの段階がポイントとなる。

4．職場におけるさまざまな調整

　詳細なマッチングを行うには、企業と就労支援との協力体制が不可欠である。就労支援側には、企業に対して一方的にお願いをするのではなく、障害のある人にとっても周囲の従業員にとっても働きやすい条件を見出し、相談・提案するスキルが求められる。企業内に就労支援担当者がいる場合には、その役割を分担して行うこととなる。

　具体的な手段としては、障害のある人の職場実習とジョブコーチ支援（職場適応援助）の活用が考えられる。職場実習では、実習現場での行動観察が鍵となる。職場での行動観察を通じて障害のある人と職場の相性を見極め、雇用後の配置、職務、勤務時間、指導体制などを、双方の状況に合った形で検討し、提案する。加えて、ジョブコーチ支援で雇用の初期段階で集中的に職場に関わることにより、障害のある人と職場の状態に応じ柔軟にきめ細やかなマッチングを図っていく。

　3つ目の、変化に合わせたマッチングの調整がうまくいくためには、2つ目の段階がより重要となる。初期段階の情報が不足すると、それが変化なのか、前段階でのミスマッチが顕在化しただけなのかの区別がつかない上、どの部分をどのように調整したらよいかの見極めも難しくなり、支援に時間とコストがかかる。障害のある人の権利擁護に関わるだけでなく、定着支援の在り方の議論のポイントともなろう。

（千田若菜）

職場実習

▶アセスメント
▶マッチング
▶職務試行法

1．職場実習とは

職場実習は、実際の職場において仕事に従事することを通して、職務とのマッチング、環境要因の影響について観察評価、支援対象者の働くことの意義理解及び現実検討等のために実施する実体験型の支援方法である。就業イメージの獲得や自らの障害特性の理解等の課題を持つ障害者を支援する職業リハビリテーションにおいて、この職場実習は効果的に活用されている。

2．職場実習の意味

職場実習は、支援の特徴から支援対象者の職業準備性の確認や障害特性のアセスメント等を行うことを主目的とする「体験的職場実習」と、就職への移行を主目的に具体的な配慮の検討や本人及び企業双方の就職の可否を判断する「就職を目指した職場実習」の2つに整理できる。そして、このような職場実習は表のような意味を持つと考えられる。

これらの意味を支援対象者である本人に職場実習を通して得てもらうためには、評価する項目や評価基準を本人も含めた関係者間で共有するとともに、目的に応じた職場実習中の指導や実習前後での振り返りのための相談が重要となる。

3．活用できる職場実習制度

支援において職場実習を活用する際には、あらかじめの雇用予約や賃金支払いにより、雇用時の支援・制度が利用できない可能性もあるため、注意が必要である。また、あくまでも職場実習のため、実習中の事故や損害の発生を防ぐため、実習中に従事する職務の選定、任意保険加入等に注意を払う必要がある。そのため、一定の手続きに則って行われる既存の職場実習制度を利用することを勧めたい。職業リハビリテーションの支援場面で活用される職場実習制度としては以下のようなものがある。

（1）職務試行法

地域障害者職業センターでは、職業評価の一環として、実際の職務における適応状況や必要となる配慮についての把握を行う目的で、職務試行法と呼ばれ

職場実習の意味

体験的職場実習

　・働くことの意義を知る

　・職業生活に必要な知識や態度を知る

　・自己の特性等を知る、等

就職を目指した職場実習

　・自己の特性等を踏まえた職業選択

　・新しい環境に適応するための力の育成

　・就職先への円滑な移行、等

る制度を実施している。

（２）職場適応援助者（ジョブコーチ）における雇用前支援

　職場適応援助者における雇用前支援と呼ばれるものがある。職場適応援助者による支援は、雇用の前後にかけて実施することが可能である。このうち、雇用前支援は、雇用後の支援に向けた職場のアセスメントや職務マッチング、また職場定着に必要となる支援アプローチの検討を行うことが特徴である。

（３）その他の実習制度

　都道府県または市町村が独自政策として予算を講じている職場実習制度や、各障害者就業・生活支援センターが独自の予算で職場実習制度を持っている場合がある。また、たとえば、特別支援学校では進路教育の一環として現場実習、医療機関のデイケアでの活動としての職場実習、就労移行支援事業所での施設外実習などの職場実習を行っている。

　職場実習制度には、以上のようにさまざまな種類がある。窓口となる機関等が違うため、所定の手続き等も異なる。そのため、スムーズな活用に向けては、計画段階から事前に各相談窓口の担当者と十分な相談を行うことが必要である。

（前原和明）

123

職場適応援助

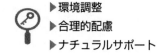

▶環境調整
▶合理的配慮
▶ナチュラルサポート

1．職場適応援助の定義

　1986年に米国のリハビリテーション法が改正され、「援助付き雇用」が制度化されたことにより、わが国の職業リハビリテーションにおいてもジョブコーチ支援の実施が推進されてきた。これにより従来の「レディネスモデル」（職業準備性を高めてから就職）から「援助付き雇用モデル」（まず就職し、環境や要求水準を調整）へのパラダイム変換が行われ、職場適応援助の重要性は高まってきている。

　職場適応援助は、「障害の種類や程度に応じて安全管理や健康管理の実施、施設等の整備、職場環境の改善を図るとともに、働く生活、作業、職場の環境への適応度を高め、職場に定着し、さらにはキャリアアップしていく総合的な支援である」と定義できる。また、職場適応援助の実施にあたっては、支援対象者のアセスメントの段階で情報をどれだけ把握しているかが、その後の調整の進捗を大きく左右するので注意されたい。

2．入職当初の環境調整のフォローアップの大切さ

　職場適応援助では、たとえば、作業能率の低下、職種転換、職場の人間関係上のトラブル、不適切行動や衛生面への支援などの、雇用の継続に直接影響する緊急的な課題対応が求められる場合も多いが、入職時の環境調整のための支援を適切に行うとともに、就職後も配置転換や職務内容の変更、上司や同僚の異動などの社内の変化や支援対象者の生活環境の変化に応じたフォローアップを継続し、早期対応することで、緊急的な課題対応は回避・軽減できることが多い。

　まず、職務面の調整では、既存業務に配置するだけでなく、アウトソーシング、外注・請負している中で遂行可能な職務に従事させたり、他の従業員の職務の中から一部の職務を切り出して再構成することも検討する。発達障害者には強みを活かした職務に特化し、日課や勤務場所、作業方法を構造化していく。精神障害者には当初は業務量の軽減を図り、徐々に職務上の負担を増やしていく対応を行い、勤務日数・時間など疲労をコントロールする環境調整を行

うとよい。

　人間関係を含めた職場環境の醸成では、職場の社風や雰囲気、働く人たちの知識、興味関心、思考パターンなどのバックグラウンドを勘案した上、障害特性の理解を図る社内研修の実施等により基本的な障害理解や状態の把握を進めるとともに、障害特性に関する説明資料やアセスメント結果の伝達等により個別の長所・短所、配慮・留意事項を伝達し、業務指示の出し方や段取りの提示方法、マニュアルの作成方法など、具体的な調整を行っていくことが基本となる。

　また、職場適応上での課題では、「報告－フィードバック」関係の希薄さからくるモチベーションの低下、障害特性からくる上司や同僚の言動に関する支援対象者の理解・認知の歪み、生活面や家庭環境の変化等による職場への影響、不得意な職務の従事による二次的な障害の発生など、さまざまな原因があるため、課題の持つ要素を分析した上で、具体的な対処を行うとともに、職場の中でナチュラルサポートができるような仕組み作りをしていくことが大切である。

３．合理的配慮への対応

　2014年１月にわが国が批准した「障害者権利条約」に対応するため、雇用分野では「障害者雇用促進法」で障害者への差別禁止及び合理的配慮の提供を事業主に義務付ける規定が新設された。

　合理的配慮には、指導・相談担当者の選定、業務やルール理解のための補完手段の確保、移動や安全のための物理的課題の改善、出退勤時刻・休暇・休憩に関する配慮、習熟度に応じた業務量の軽減、マニュアルや手順書の作成等がその実施例とされるが、これらは職場適応援助における環境整備項目でもある。合理的配慮は、採用時の本人からの申し出または採用後の本人への企業からの確認を契機として、会社が対応することと本人が努力すべきことを明確にするための話し合いを行い、合意のもとで展開される。また、本人の状況やニーズ、企業の負担の度合い（事業活動への影響程度、実現困難度、費用負担の程度等）により内容は変化するため、常に見直し、調整が必要であるが、厚生労働省の指針では、事業主は本人の意向を確認するため、「就労支援機関の職員等に当該障害者を補佐すること」を求められることとされているため、配慮事項の調整が必要な支援対象者に関して就労支援機関は積極的に関わりを持つべきである。

（小池眞一郎）

IPS

▶就労支援モデル
▶EBP
▶フィデリティ尺度

1．IPSとは何か

IPS（Individual Placement and Support）には現在定まった日本語訳は存在しないが、「個別援助付き雇用」や「個別職業紹介とサポート」等と訳されている。理論と方法を含む、精神障害者の就労支援モデルである。1990年代前半にアメリカで開発されて以来、日本を含む国際的な数多くの研究によって精神障害者の一般就職率が有意に向上したことが証明されているEBP（Evidence Based Practice）、すなわち科学的根拠に基づく実践である。

2．IPSの哲学と8原則

IPSの哲学の1つが「就労は治療的」という考えである。就労によるストレスは存在するが、それ以上にIPSでは働かないことによる所属感と貢献感がない状態のストレスに着目する。働くことはスティグマを軽減させ、ノーマライゼーションをもたらし、治療的効果があると考えるのである。また、IPSは必ずしも経済的自立や長期の就労継続を目標に定めない。IPSが目指すのは、1人ひとり異なる自分らしい充実した生活を送ることができるという結果及びプロセスそのものであり、働くことは「リカバリー」の役に立つと考える。

経験則により実践してきた支援から、EBPとして有効な成果を出すために整理された支援指針がIPSの8原則である。

①一般就労を目指す（必ずしも保護的・福祉的就労を否定していないが、最初からそれしか目指さないということはしない）。

②職業準備性や障害の程度、薬物依存歴、入院歴、犯罪歴等を理由に就労支援の対象外としない（職業準備性を全否定してはいない。ただし、それを就労の必要条件だとは考えない）。

③職業リハビリテーションと精神保健サービスで密接なチームを組む（就労支援サービスと医療との連携を重視する）。

④クライエントの好みと選択を尊重した職探しをする。

⑤生活保護、障害年金、その他手当等の経済的カウンセリングを提供する（必ずしも労働収入のみで経済的に自立することをゴールとは考えない）。

⑥迅速な職探しをする。

⑦就労支援の専門家による系統的な職場開拓をする。

⑧就職後も期限を設けず継続的に個別支援をする。

3．その他の重要な概念とフィデリティ尺度

クライエントが望む限り、IPSではアセスメントやトレーニングなどに多くの時間を割かない。その上で一般就労を目指すためには「ストレングスモデル」が欠かせない。また1980年代初め、アメリカではすでに「訓練してから職探しをする」伝統的アプローチよりも、「就職してから、その仕事に必要で具体的な訓練をする」という「place then train」アプローチの方が有用であることを示した人たちがいた。IPSではこのアプローチを重視している。

最後にフィデリティ尺度について紹介する。これは「スタッフ配置・組織・サービス」という3つの下位尺度から成り、この尺度に忠実な実践であるほどEBPとしての有効性が高くなると考えられ、自分たちの実践をモニタリングするのに役立つツールである。これからIPSの実践を始める場合、フィデリティ項目をできることから1つずつ実行していくという活用方法も考えられる。詳しい内容は、日本IPSアソシエーションのwebページ（http://jipsa.jp/）からフィデリティ尺度をダウンロードすることができるので、参考にしてほしい。

文　　献

1）ベッカー，D.R. & ドレイク，R.E.，大島巌ら（監訳）（2004）精神障害をもつ人たちのワーキングライフ，金剛出版.

2）伊藤順一郎・香田真希子（2010）IPS入門，地域精神保健福祉機構.

（柴田泰臣）

復職支援

▶リワーク
▶職場再適応
▶再休職予防

1. 復職支援（リワーク）の定義

本稿では、復職支援を「うつ病などの精神疾患により休職中の者が休職前の職場（別部署等を含む）に復帰するための支援」と定義し、障害者職業センターが職業リハビリテーションサービスとして実施している支援を「職リハリワーク」、医療機関で実施されているリワークプログラムを「医療リワーク」とし、概要を説明する。なお、離職者に対する再就職支援や在職中に受障した高次脳機能障害者に対する復職支援については、本稿においては含めない。

2. 復職支援（リワーク）実施の経緯

医療リワークは、1990年代後半から一部医療機関において作業療法の枠組みで取り組まれた職場復帰支援プログラムを皮切りに、さまざまな実践がなされている。2008年には、リワークプログラムを実施している医療機関により、うつ病リワーク研究会が発足し（2018年より法人化され、一般社団法人日本うつ病リワーク協会となる）、リワークに関する研究や普及啓発活動が行われている。

職リハリワークは、障害者職業総合センターにおいて、医療機関での職場復帰支援プログラムや民間団体における復職支援の取り組みを参考に、2002年からプログラムや支援技法の開発が進められ、2005年から全国の地域障害者職業センターにおいてリワーク支援が展開されている。「リワーク」という名称は、障害者職業総合センターでの技法開発時に「復職（Return-to-Work）」から名付けられ、広まったものである。

3. リワーク支援の概要

医療リワークにおけるリワークプログラムは診療報酬上での精神科デイケア、作業療法、集団心理療法等において実施されている。実施する医療機関においてプログラムの内容や頻度はさまざまだが、その機能は4つの要素から構成されている[1]。第1の要素は治療の一環であり、薬物療法、休息に加えて、第3の治療技法として医学的リハビリテーションに位置付けられている点。第2の要素は集団において心理学的手法を利用している点。第3の要素は復職準

備性の確認。第4の要素は最終目標を再休職予防に置いている点の4点である。

　職リハリワークは、休職者である支援対象者と雇用事業主の双方に支援を行うことに大きな特徴がある。支援開始にあたり、支援対象者、雇用事業主、主治医の三者からの情報収集と職場復帰に向けた考え方の共有、調整を行い、支援の実施について三者の合意を形成した上で、12～16週間を標準とした支援を実施する。支援対象者に対し、各種講座、作業課題、集団課題、個別相談を行うことにより「生活リズムの構築及び基礎的な体力の向上」「作業遂行に必要な集中力、持続力等の向上」「ストレス場面での気分、体調の自己管理及び対人技能の習得」「復職後の職務や環境に対する対応（職場再適応）力の向上」「キャリアプランの再構築」等の支援を行い、雇用事業主に対しては、「職場復帰のための職務内容、労働条件等の設定に関する助言・援助」「職場復帰受け入れのための上司、同僚等の理解の促進に関する助言・援助」「職場復帰後の支援対象者の状況把握や適切な対処方法に関する助言・援助」等を行っている。

4．現状と課題

　リワーク支援が開始され10年以上が経過する中で、うつ病だけでなくその他の精神疾患（不安障害など）と診断された者や、発達障害がベースにあり、不適応や二次障害としての精神疾患を有する支援対象者が増加する傾向にあり、支援対象者の状態像が多様化しているように見受けられる。また、企業においても外部のEAP（Employee Assistance Program：従業員支援プログラム）の活用も含めた自社の休職者に対する職場復帰支援プログラムを独自に導入する例や、障害者総合支援法における就労移行支援事業所の中には、復職支援を必要とするうつ病の人を受け入れる事業所も増えつつある。このように支援対象者、支援メニュー双方の多様化が進んでいる中で、対象者の状態に応じた支援の質的向上や支援を提供する機関の連携等が重要になっていくと考えられる。

文　献

1）五十嵐良雄（2014）休職者の復職支援における効果的な連携：医療機関の立場から，第22回職業リハビリテーション研究・実践発表会発表論文集，430-438.

（岡田雅人）

事業主支援

▶雇入れ支援
▶雇用継続支援

1．事業主支援について

　近年、日本の障害者雇用は着実に進展しているが、中小企業を中心にさまざまな事情で取り組みが進まない実態も見られる。また経験のある大企業でも、求人確保に苦慮したり、障害特性と仕事内容のミスマッチにより早期離職につながる等の課題が残る。以下では、障害者雇用計画から継続するまでの道程に沿った支援活動を紹介する。

2．事業主支援の支援内容

（1）障害者雇用に対する相談、情報提供

　事業所担当者との初回相談では、障害者雇用を考える背景や期待するサポート等を聴き、抱える不安・課題点からニーズを把握し、必要であれば情報提供を行う。たとえば「社会的責任や労働力の確保等の意識から障害者雇用に関心があるが、初めて取り組むためイメージがない」という場合、制度の説明や先行事例の紹介、ハローワーク等で開催する研修・見学会等の情報を組み合せて提供する。

（2）雇用計画の立案援助、職務内容への助言

　支援介入を求める事業所に対しては、続いて雇用計画立案の援助を行う。雇入れを考える部署への通勤手段、部署内の人員構成、物理的環境等を聴き取り、助言を行う。障害者に任せる職務内容は、既存の職務から選ぶ場合と新たな職務を創り出す場合があり、必要に応じて業務の棚卸しができるツール等を活用する。候補となる職務に対しては、できるだけ支援者が作業体験等を行い遂行時間、難易度、作業量等を把握し、障害者が働ける職務かどうかの助言を行う。

（3）受け入れ体制整備の支援

　障害者雇用の促進には、全社員が関心と理解を持つことが重要である。希望があれば、社内研修への講師派遣を行い周知啓発の協力をする。また障害者実習生の受け入れを行い、社内理解を深めていく方法もある。実習後には、障害者と共に働くという具体的イメージが持てることや、想定した職務の再構築が

図れる等の効果が期待できる。

（4）求人・採用活動への協力

ハローワーク等に求人申し込みを行う以外に、事業所の同意があれば、地域の就労支援機関へ情報提供を行い求人活動に協力する。さらに選考方法について助言を行う場合もある。たとえば、採用面接時の質問項目に対する人事担当者への助言である。また障害特性上、面接だけでは職業能力の把握が難しい場合もあるため、作業場面を実際に見て判断する方法を提案する等である。

また、雇用する際に活用できる制度として「トライアル雇用」や「職場適応援助者（ジョブコーチ）」があり、事前に各窓口と相談・調整しておく必要がある。

（5）雇用継続への支援

採用後は、障害者本人が利用する就労支援機関とも連携し、雇用継続支援を行う。特に採用後しばらくは、障害者の教育・指導や相談等で現場に負担がかかりやすい。支援者は全体に気を配り、職場内のサポート体制作りに協力する。

３．事業主支援で大切にしたいこと

事業主支援では、「事業主は障害者雇用を推し進めていくパートナー」であると考えることが重要である。

支援者に上司や同僚の代わりを期待したり、職場に支援者の役割を期待するのではなく、①互いの役割分担を明確にし、②定期的な情報交換の場を設け、③いつでも連絡を取り合える関係を築いていくことが重要である。また支援者は、自らも含め地域の社会資源の役割や業務について精査し、連携しながら支援活動を展開していくことが求められる。

文　献

1）高齢・障害・求職者雇用支援機構（2010）はじめからわかる障害者雇用：事業主のためのQ&A集，高齢・障害・求職者雇用支援機構.
2）清家政江（2010）障害者就業・生活支援センター，精神保健福祉白書編集委員会（編），精神保健福祉白書2011年版，92-93，中央法規出版.

（若宮翔子）

雇用管理

▶人事評価管理
▶報酬管理

1．はじめに

　日本では働く人の約8割が雇われて働く雇用労働者であることから、企業の中で働く人の働き方に影響を与える雇用管理は働く人誰にとっても重要なトピックである。企業、組織の経営活動のために「ヒト」の能力を生かしていくための雇用管理には、今野・佐藤[1]など多くの優れた著作や実践の蓄積があり、これを既存の多くの企業、組織が踏まえていることから、職業リハビリテーションに携わる専門職にとって、企業、組織における雇用管理の役割と目標やその機能についての理論を知っておくことは、支援を行う際に有益であると考える。

2．雇用管理の目的

　雇用管理とは、ヒトを確保し、仕事に配置する管理機能である。そしてそれは企業における働く人のマネジメントの一部である。経営活動の管理の仕組みには、他にたとえば財務管理や生産管理、販売管理などがある。「ヒト」が集い形成した組織において、経営活動を円滑に、効果的にそして効率的に進める働く人のマネジメントの仕組みの1つである。では、働く人のマネジメントの役割は何であろうか。組織がその経営目標の実現のために、ヒトを集め、仕事に配置し、そしてヒトの能力が生きるように効果的・効率的に促すことであり、その目標は、短期的にそして、長期的に組織の経営活動の維持・向上をはかることである。

3．働く人のマネジメントの4つの管理機能

　雇用管理の目的を実現するために、働く人のマネジメントには4つの管理機能がある。それらは、①ヒトを確保し、仕事に配置するのが「雇用管理」であり、②確保したヒトが能力を発揮できる就業条件を整える「就業条件管理」、③働きに対する報酬を決める「報酬管理」、④働きぶりを評価する「人事評価管理」である[1]。特に④の「人事評価管理」は、働きぶりを見て、現在の仕事配置が適切であるか評価して、次の配置に反映させる、仕事と能力が合っているか評価して、次の能力開発に反映するなど、評価結果を採用、配置、能力開

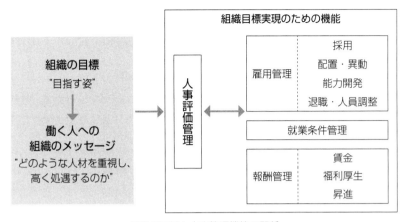

組織の目標と人事管理機能の関係

発、報酬といった働く人のマネジメントに反映させる重要な役割を果たしている。

４．組織の目標と人事管理機能の関係

　雇用管理は、図に示すように、組織ごとに存在する経営目標が「働く人のマネジメントの意思」として具体化される。その意思は、その組織にとって「どのような人材を重視し、高く処遇するのか」を示す。これに基づき評価基準が構築され、それが雇用管理（採用、配置・異動、能力開発、退職・人員調整）、就業条件管理、報酬管理（賃金、福利厚生、昇進）すべてに反映する。働く人のマネジメントの要諦は、組織の意思決定を示す図の左側部分である。

　企業ごとに重視する人材は少しずつ異なり、それをもとに構築される仕組みは、同業、同規模の組織であってもうまくいく組織もあれば、そうでない組織もある。また外部環境の変化によって、従来うまくいっていた仕組みに変化が生じる場合もある。たとえば少子化による労働市場の需給の変化や女性や外国人、高齢者といった労働者の多様化、労働者のニーズの変化などである。そして労働諸法の改正や、労働政策への対応も必須である。このように働く人のマネジメントは、外部環境の変化への対応力が常に求められていることを就労支援に携わる専門職も知っておくことが必要だ。それは障害のある方の安定的な職場適応のために企業との協業をスムーズにするだろう。

文　　献
１）今野浩一郎・佐藤博樹（2002）人事管理入門．4-42, 105-110, 日本経済新聞社.

（眞保智子）

定着支援

▶職場適応援助
▶就労定着支援

1．定着支援の3つの視点

　定着支援とは、職場定着するための支援と狭義にとらえられやすいが、働き続けるための就業生活の安定に向けた支援も含まれていると考える。さらに、個の職場定着支援と就業生活支援をつなぐ、仕事と生活のバランスを意識し、調整等を行う支援のことも含めた広義の意味を定着支援は持っている。

　職場に定着するための支援は、新規就職や復職を問わず、ジョブマッチングの状況確認をし、必要に応じて職場適応援助はじめ、環境等を含む配慮に向けた支援を行ったり、職務や環境の変化に対応して介入するなど、職場において仕事が順調に行えることを主眼にしている。本人に対してだけではなく、職場における人間関係の調整や作業指示の仕方等々、職場と障害者の双方に対して行われる支援であり、職場において行われることが多い。一方、就業生活の安定に向けた支援は、生活のリズムや通院服薬等の医療的なケアが安定するようチェックや自立の促し、余暇支援など生活の安定によって、働くことが継続できるようにすることを主眼にしている。障害者やその家族などに対して行われる支援であるが、地域における病院や生活を含む関係機関などさまざまな機関とともに支援を行うことが多いため、機関連携やコーディネートといったことも大切である。さらに、これら職場への定着とその基盤となる就業生活の安定が、それぞれ独立した支援ではなく、職場環境の変化を生活で支えたり、生活面での変化や就業面を調整したりすることで途切れさせず継続するなど、一体的に連動させて支援を行う視点が重要となっている。

2．これからの定着支援

　これまで定着支援は、障害者就業・生活支援センターや就労移行支援事業所をはじめ、地域活動支援センターや居住系の福祉サービス事業所など、就労者を抱えるさまざまな機関で行われてきたが、2018年より、「就労定着支援」が新たな障害福祉サービスとして創設された[1]。支援の内容は、「相談を通じて生活面での課題を把握するとともに、企業や関係機関等との連絡調整やそれに伴う課題解決に向けた支援の実施」とされており、一般就労に移行した障害者

の就労に伴う生活上の支援ニーズに対応するものとされている。利用期間の上限が3年とされていることから、3年後の定着の姿を想定して計画的に支援を進めることが望まれる。実際の利用ニーズとマッチするのか、現存の機関との連携をどのように行うか等々課題はあると思われるが、障害者の就労と定着に関して、福祉サービスから「生活」という視点が盛り込まれたことは画期的であるといえよう。

　就労の定着には、職場定着と就業生活の安定という大きく2つの視点が必要である。前者については、企業自らによる雇用管理の改善と支援機関による職場定着支援の双方からアプローチすることができる。一方、後者は生活リズムの安定、食生活の管理、医療面の管理等、多分野に及ぶため、多くの機関の介入が必要である。これまで、さまざまな機関によって紡ぎあいながら支援されていた「就業生活」が、この新サービスによって一体的に調整され、提供されていくことが期待される。

文　献
1）厚生労働省社会援護局（2018）平成30年度障害福祉サービス等報酬改定における主な改定内容12p.〈https://www.mhlw.go.jp/file/05-Shingikai-12201000-Shakaiengokyokushougai hokenfukushibu-Kikakuka/0000193396.pdf〉

（根本真理子）

企業における職業能力開発

▶OJT
▶Off-JT
▶キャリア

1．はじめに

　製品を製造する機械設備に大きな差がないのに、なぜ各企業や組織のパフォーマンスに差が出るのだろうか。模倣困難な付加価値の高い製品・サービスを生み出すのは、人であることを考えれば、不確実性をこなす技能[3]、人材育成の取り組み方の違い[1]などが説明力を持つ。企業、組織で行われる人材育成とは、どのようなものなのだろうか。

2．能力開発の方法

　企業、組織における能力開発の方法は、大きく3つに分けられる。ア）OJT（On the Job Training）、イ）Off-JT（Off the Job Training）、ウ）自己啓発である。OJTとは、職場で実際に仕事に就き、そこで上司や先輩の指導を受ける方法であり、Off-JTとは、職場を離れ、たとえば教室などで行われる研修などである。自己啓発は、直接職場の上司や先輩の指導を受けず、自分で資格取得などのために勉強する方法である。このうち、もっとも重要なものはOJTであるとされている。小池[3]は、「長期に経験する関連の深い仕事群」と表現し、関連が深く、必要な技能が重なる仕事群の中で、はじめは簡単な仕事から次第に難しい仕事へと異動し、「キャリア」を形成することで、習う方も指導する方も訓練にかかるコスト（経済的・時間的・人的負担など）を小さくすることができ、習う人の習熟度に合わせて個別に、具体的に指導ができるといったメリットがあるとされている。

3．OJTはなぜ有効なのか

　小池[3]は、OJTにはフォーマルなOJTとインフォーマルなOJTがあるとしている。フォーマルなOJTは、①指導を受ける者に定められた指導者が存在する、②指導内容のチェック項目か指導のための詳細な計画があることを要件としている。OJTには、フォーマルなOJTの要件のいずれかを満たしていない、あるいはどちらも満たしていないインフォーマルなOJTがある。高度な仕事能力の形成を考える際にはインフォーマルなOJTが肝要であり、前述の「キャリア」が職場で考慮されているかが重要である。障害のある労働者が

働く職場での能力開発を考える場合にも、現在の仕事に関連が深いやや高度な仕事に挑戦する機会を通じて効果的に仕事経験を積み上げるよう、「キャリア」が形成されているかに注目する必要がある。

4．効果的にOJTを機能させるために

先にOJTのメリットを示したが、デメリットもないわけではない。今野・佐藤[2] は、指導者側の要因として、訓練効果が指導者の育成能力や熱心さに左右される、部下を指導する余裕のない職場であれば、難しい。また習う側の要因としては、訓練効果が部下の態度や意欲に左右される、としている。障害のある従業員への人材育成に熱心ではなく、「とにかく今の仕事を続けてくれればよい」ということでは、従業員が持っている能力を発揮する機会を逸しているかもしれない（むろん1つの仕事を長期間継続できることも立派なことであるが）。そのことからモチベーションが下がる従業員がいれば、働く側にとっても雇用する側にとっても、もったいないことである。

また働く側も、日本で広く行われている仕事の異動や、簡単な仕事からやや難しい仕事に移ることで次第に仕事能力を形成するOJTをネガティブにとらえている可能性もある。こうしたギャップを解消するためにも、職業リハビリテーションの専門職が、企業で行われる能力開発についての知識を持ち、企業と労働者双方に対して能力開発に際して労働者への支援を行う意義は大きい。能力開発による労働者のキャリア形成は、雇用の質を向上させるための重要な要素の1つだからである。

文　献

1）玄田有史・佐藤博樹（2003）育成がカギを握る中小企業の成長，成長と人材：伸びる企業の人材戦略，33-58, 勁草書房.
2）今野浩一郎・佐藤博樹（2002）人事管理入門，4-42, 105-110, 日本経済新聞社.
3）小池和男（1997）日本企業の人材形成，中央公論新社.

（眞保智子）

産業保健

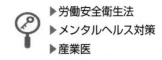

▶労働安全衛生法
▶メンタルヘルス対策
▶産業医

1．産業保健の目的及び活動分野

　産業保健は、労働者の健康及び職場環境の課題への取り組みを通して、労働者の健康を保持・増進し、その結果生産性が高まることにより企業の発展に貢献することを目的としている。産業保健の活動分野には、①「健康管理」、②「作業管理」、③「作業環境管理」、④「労働衛生教育」、⑤以上を適切かつ効果的に実施するための「総括管理」がある。

2．労働安全衛生法

　1972年に制定された産業保健活動の基盤となる法律である。職場における労働者の安全と健康を確保するとともに、快適な職場環境の形成を促進することを目的としている。法律では、労働災害防止計画、安全衛生管理体制、労働者の危険または健康障害を防止するための措置、機械等ならびに危険物及び有害物に関する規制、労働者の就業にあたっての措置、健康の保持増進のための措置などが定められている。安全衛生管理体制については、常時50人以上の労働者を使用する事業場は、専門的立場から労働者の健康管理等を行う産業医を選任するよう義務付けられている。2019年の改正労働安全衛生法では、事業者は産業医に対し労働者の労働時間に関する情報その他の健康管理等を適切に行うために必要な情報を提供しなければならないとされ、その機能強化がはかられた。

3．産業保健の課題

　産業保健の課題として、死亡災害撲滅、過重労働による心身の健康障害防止、職場におけるメンタルヘルス対策、高年齢・障害・非正規雇用・外国人労働者への対応、がんや脳卒中などの疾病を抱える労働者を支援する仕組み作りなどが挙げられる。中でも過重労働による健康障害防止や職場のメンタルヘルス対策は、産業保健上の今日的課題としてその早急な取り組みが求められる。

（1）過重労働対策

　時間外・休日労働時間が月45時間を超えて長くなるほど、業務と脳・心臓疾患の発症の関連性が高まることが知られており、時間外・休日労働時間の削

減や年次有給休暇の取得促進などの対策が求められる。2019年の改正労働基準法では、働き方改革の一環として時間外労働の上限が規定され、原則として月45時間、年360時間、臨時的な特別な事情がある場合でも年720時間、単月100時間未満とされた。また事業者は、時間外・休日労働時間が月80時間を超え、かつ疲労の蓄積を認める者が申し出た場合は、医師による面接指導を実施し、医師の意見により事後措置を行う必要がある。

（2）メンタルヘルス対策

事業場のメンタルヘルス対策について、2006年の「事業場における労働者の心の健康の保持増進のための指針（メンタルヘルス指針）」は、「セルフケア」「ラインによるケア」「事業場内産業保健スタッフ等によるケア」「事業場外資源によるケア」の4ケアにより継続的かつ計画的に推進することとしている。また「心の健康問題により休職した労働者の職場復帰支援の手引き」（2004年、2009年改正）により、休業の開始から職場復帰後のフォローアップまでの一貫した支援の流れが示された。精神障害の労働災害については、より明確な認定基準の提示や審査の迅速化と効率化を図る目的で「心理的負担による精神障害者の認定基準」（2011年）が定められた。さらに2015年よりメンタルヘルス不調の未然防止を目的に、労働者数50人以上の事業場において年1回の「ストレスチェック」が義務付けられ、検査結果で高ストレスに該当した勤労者からの申し出により、医師の面接指導を実施することが事業者の義務とされた。

4．産業保健に関連する外部機関

（1）EAP

EAP（Employee Assistance Program）はアメリカで開始された職場のメンタルヘルスサービスで、「従業員支援プログラム」と訳される。現在は事業場外の専門機関による実施（外部EAP）が主流である。EAPは従業員の個人的な問題（メンタルヘルス不調、対人関係や仕事上の悩み、家庭問題など）に加え、職場や組織の問題に対する専門的支援も実施している。具体的なサービス内容には、相談、コンサルテーション、教育、危機介入、復職支援、キャリア開発、ストレスチェックなどがある。

（2）産業保健総合支援センター地域窓口（通称：地域産業保健センター）

労働者数50人未満の小規模事業場の事業者ならびに勤労者に対し、産業保健サービスを提供する目的で設置されている。サービス内容には、医師らによる健康相談や事業場への訪問指導などがある。

（中川正俊）

第 VI 部

支援方法と支援技術

システマティック・インストラクション

▶課題分析
▶4段階の指示階層
▶最小限の介入

1. システマティック・インストラクションとは

システマティック・インストラクション（systematic instruction）は、ジョブコーチに代表される雇用の専門家における代表的な支援手法である[1]。わが国においては、ジョブコーチをはじめとして、職業リハビリテーションに携わる支援者の養成場面において必ず講義されており、広く普及してきている。

この手法は、1970年代頃にイリノイ大学のゴールド（Gold, M.）により、応用行動分析を適用した重度の知的障害者に対する指導のための手法として整備され、その後、バージニア大学における援助付き雇用の発展とともに幅広く指導の手法として用いられることとなった。

この手法では、支援対象者に適した指示を出すことで、効率的に、かつ、難しいことを失敗することなくできるようになることを目指している。そのため、言語指示（verbal instructions）、身振り（gestures）、見本の提示（models）、手添え（physical assists）という、指示の手厚さによる4段階の指示階層、指示階層と頻度を最小限に抑制する最小限の介入による指示の原則に基づいて指導が行われる。

2. 具体的な活用方法

具体的な活用の手順として、支援では、まず、障害者が働く職務がどのようなスケジュールで、どのような作業から構成されるのかを明らかにする職務分析を行う。次に、職務分析で明らかになった職務を行動レベルでより簡単な行動としてリスト化する課題分析を行う。課題分析によって、行動レベルの事項が明らかになって初めて、この手法を用いることができる。

一般的に図のような表を用いる。表中の事項が課題分析で明らかになった行動で、各行動に対する指示の階層と時間による指示階層の変化が記録されている。対象者の行動を観察しながら段階的に指示の手厚さを下げていくことで、指示がなくとも独りでできる行動を増やしていく。この表は、支援者が支援の方針を立てることを補助し、かつ、これまでとこれからを示していく記録にもなる。

課題：皿の洗浄

事項 ＼ 日付		6/10	6/11	6/12	6/13	6/14	+15
1	スポンジを持つ	V	+	+	+	+	
2	スポンジに洗剤をつける	M	V	V	+	+	
3	タライから皿を取る	+	+	+	+	+	
4	皿の表面をスポンジで5周洗う	P	P	G	G	V	
5	皿の裏面をスポンジで5周洗う	P	P	V	V	V	10
6	スポンジを置く	V	V	+	+	+	
7	蛇口から水を出す	V	V	V	+	+	
8	皿の表面についた泡を水で流す	P	V	V	+	+	
9	皿の裏面についた泡を水で流す	P	V	V	+	+	
10	皿を置く	V	+	+	+	+	5
11							
12							
13							
14							
15							

指示なし：＋　言語指示：V　身振り：G　見本の提示：M　手添え：P

支援における活用例

３．効果と意味

　ジョブコーチに代表される雇用の専門家は、支援対象者の職務遂行のための指導だけでなく、その職務を指示する職場同僚等に対する助言を重要な役割としている。たとえば、同僚が対象者に作業指示を出す場合に、対象者に適した指示を出していけるように助言する等、このシステマティック・インストラクションを中心とした手法に基づいて、支援対象者に接する職場同僚等に指導方法を助言していくことは、職場のナチュラルサポートの形成に向けても重要な意味を持つ。

文　献

1）小川浩（1993）ジョブコーチの援助技術：システマティック・インストラクション，職業リハビリテーション，6, 74-77.

（前原和明）

ナチュラルサポート

▶援助付き雇用
▶ジョブコーチ
▶合理的配慮

1．ナチュラルサポートとは

　ナチュラルサポートとは、障害のある人に対して、職場の上司や同僚が直接提供するサポートのことである。米国の援助付き雇用の考え方やジョブコーチの支援技術とともにわが国に紹介され、障害のある人の職場適応や職場定着に欠かせない要素として、より効果的な実践や合理的配慮の普及を目指して使われるようになった用語である。

　わが国では、小川[1] による「ナチュラルサポートとは、障害のある人が働いている職場の一般従業員（上司や同僚など）が職場内において（通勤は含む）、障害のある人が働き続けるために必要な援助を、自然もしくは計画的に提供することを意味する。これには職務に関わる援助の他に、昼食や休憩時間の社会的行動に関する援助、対人関係の調整なども含まれる」という定義が一般的である。

2．ナチュラルサポートをめぐるさまざまな論点

　米国における「ナチュラルサポート」は、ジョブコーチモデルの弊害や問題点を解決する手段として提案されたのが始まりである。米国では、ジョブコーチによる過度な専門的支援が、障害のある人や従業員のジョブコーチ依存を生み、障害のある人の作業自立を妨げ、障害のある人と一般従業員との自発的なコミュニケーションを妨げることが指摘されていた。障害者雇用の成功には、その職場に内在する、一般従業員によるサポートの活用が不可欠とされたのである。

　わが国では、米国における議論を踏まえ、支援現場において、ナチュラルサポートをどのように形成するのかについて、より具体的な関心が向けられた。小川[1] によると、ナチュラルサポートには、「自然派生的なもの」と「計画的なもの」がある。「自然派生的なもの」は、職場のさまざまな環境条件に左右されやすく、障害のある人に合ったサポートが提供されるか否かは不確実である。一方、「計画的なもの」は、事前にサポート内容を打ち合わせた上で提供されるため、安定した提供が期待でき、またその効果についても検証しや

すい。支援者は、より効果的で計画的なサポートの形成を促すことを求められる。

　実践の広がりとともに、わが国における「ナチュラルサポート」は、「ナチュラルサポートの形成を容易にする環境条件とは何か」といったジョブマッチングや職場適応の視点、「所属意識や自己効力感、仕事へのモチベーションを高める一般従業員の関わりとは何か」といった職場定着や就労継続の視点、「就労支援プロセスにおいて、それぞれ形成するべきナチュラルサポートは何か」といった形成方法や形成過程に関する視点など、さまざまな視点からの議論が必要になっている[2]。

3．ナチュラルサポートの実践例

　ナチュラルサポートには、ジョブコーチなどの支援者が職場の理解と協力を得ながら形成を促すもの（以下、「支援者主導型」という）と、職場が雇用管理の一環として主体的に形成するもの（以下、「職場主導型」という）の2種類がある。「支援者主導型」は、障害者雇用経験の少ない職場に見られ、一般従業員の不安軽減が期待できる。「職場主導型」は、一定の雇用実績のある職場において見られ、「指導担当の配置」から「余暇活動の実施」など多岐にわたり、職場独自の工夫が見られる。いずれにおいても、上司や同僚が障害のある人の障害特性や個別のニーズを理解し、共に働く上で必要な配慮やサポートを無理なく提供できることが重要である。

文　献

1）小川浩（2000）ジョブコーチとナチュラルサポート，職業リハビリテーション，13，25-31.
2）若林功（2008）障害者に対する職場におけるサポート体制の構築過程：ナチュラルサポート形成の過程と手法に関する研究，調査研究報告書，85，独立行政法人高齢・障害者雇用支援機構障害者職業総合センター.

（柴田珠里）

Ⅵ 支援方法と支援技術

SST

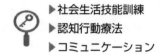

▶社会生活技能訓練
▶認知行動療法
▶コミュニケーション

1．概要

　SST（Social Skills Training）は、社会技能訓練、生活技能訓練などと訳され、認知行動療法に基づくアプローチである。カリフォルニア大学ロサンゼルス校医学部の精神科教授リバーマン（Liberman, R.P.）が考案し、わが国においても 1988 年に同教授が来日して以来、普及していった。対象となる方の生活障害に働きかけ、その軽減を目指して開発された。

　リバーマン[2]によると、自分が望む生活の目標を追求しつつ社会に参加していくには、対人技能と社会生活技能が必要である。SST によって患者が個人的目標の達成に必要な対人関係能力を身につけ、周囲から好意的な反応を引き出すことが増えてくれば、その人はまさに「リカバリーへの道をまっしぐらに」進んでいくといえる。社会生活技能を獲得すれば、エンパワメントは自然にもたらされる。スキルを増した患者は、自分の人生をよりよくコントロールして大きくなった自己効力感を楽しみ、他人に依存して「してもらう」よりも「自分でする」能力をのばすからである。SST は、話し合ってやるべきことを学ぶのではなく、やりながら学んでいく活動的な治療法である、としている。

2．方法

　コミュニケーションを、①他者との関係や行動を受け止める受信技能、②適切な行動を選び実行する処理技能、③効果的に相手に働きかける送信技能に区別して評価している。特に精神障害者の場合、これらの技能の不十分さが特徴ともされている。

　治療者と数名の対象者で実施され、常に肯定的・受容的雰囲気を保ちつつ行われる。個人で行うこともあるが、グループで SST を実施した場合、他者の練習を参考にすることができ、他者からの評価に励まされ、エンパワメントにつながることにも期待できる。

　対象者の状況への対処能力、環境因子などをアセスメントして、目標の明確化、問題の同定を行い、訓練課題、長所を活かした訓練目標を設定する。設定した訓練課題を助言やモデルを示してもらいながら（モデリング）、実演（ロ

146

ールプレイ）で練習する。課題が適切に実施された場合は、賞賛（ポジティブフィードバック）が行われ、あくまでも対象者の自主性を引き出すように努力する。適切な行動がとられなかった場合は、改めて見本提示による行動修正（モデリング）をしていく。練習を重ねながら、適切な社会生活行動を形成していく（シェイピング）。行動を促して（プロンプティング）支援し、練習した行動を家庭などの現実場面で宿題として練習し、次回に報告をする。その結果を経て、よりよい技能を獲得し、生活の質の向上を目指す。こうした技法を多用しながら行動を促す。

3．職業リハビリテーションでの活用

　就労支援の現場においては、就職前、つまり就労準備期において積極的に活用されてきた。倉知[1]は、働く場以外で学ぶものである①自信や誇りを持つ、または回復させること、②対人関係や職場のルールを身につけることについては、SSTなどでロールプレイや話し合いなどを活用する場合が多い、としている。しかしながら、就職した後に、企業内において、人材育成を目的とした研修の一環としてSSTが導入されることもある。このことは、対象者自らが望む訓練目標にとどまらず、雇用主からの具体的な希望に沿うような設定ともなりやすく、両者にとって望ましい方向性に向かう効果がある。また、旧来よりSSTは精神科医療機関において導入されることが多かったが、一般就労が実現した後も外来治療を受け続ける対象者にとっては、医療機関内でのSSTにおいて就労場面における訓練課題を設定することにより、解決を図ることも行われている。事業所等への一般就労を目指し、SSTが実践されることが散見されるが、就労継続支援においても、施設内就労への適応を目的として取り組まれることもある。

文　献

1 ）倉知延章（2008）就労支援の過程と手法，松為信雄・菊池恵美子（編）職業リハビリテーション学，139-143，協同医書出版社．
2 ）リバーマン，R.P.，西園昌久（監修）（2011）社会生活技能訓練（SST），精神障害と回復：リバーマンのリハビリテーション・マニュアル，148-209，星和書店．

（野﨑智仁）

アサーショントレーニング

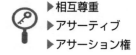

▶相互尊重
▶アサーティブ
▶アサーション権

1．定義とその概要

　人間関係の持ち方には、大きく分けて３つのタイプがある。他者を自分よりも優先し、自分のことを後回しにするもの（非主張的自己表現、ノン・アサーティブ）、自分の意見ははっきり言うが、相手の立場を尊重せず自己主張を押しつけるもの（攻撃的自己表現、アグレッシブ）、自分の意見を正直にかつ率直に主張するが、相手の立場も配慮するもの（相互尊重、アサーティブ）である。

　アサーショントレーニング（assertion training）は、アサーティブな自己主張のスキル習得のトレーニングであり、「自分の希望を主張することは『言論の自由』という基本的人権として許される」というアサーション権の考え方がベースとなっている。

　生まれて間もない赤子は、腹が減っては泣き、おしめが濡れては泣くのだが、これは「自分の希望を“素直に”自己主張」している状態である。しかし、人間は成長の過程において、家庭での躾、学校での教師や友人との関係、職場における上司や同僚との人間関係の中で、自己主張の方法を各々学習していく。

　両親などの「良いモデル」を学び、適切な自己主張、相互尊重のコミュニケーションスキルを獲得していくことが理想的であるが、権威的な親や教師等の影響から非主張的な自己主張を誤学習することもあれば、感情のコントロールが適切に獲得されずに攻撃的自己主張を誤学習する事例もある。

　攻撃的自己表現は相手のアサーション権を侵害しているが、非主張的自己表現も、自分自身のアサーション権を侵害しているという点で不適切な自己表現といえる。アサーティブでないこれらの自己表現は、自然と修正されることは稀で、スキルとして一定の訓練を受けることにより、修正、獲得される。

2．アサーショントレーニングの発展

　アサーショントレーニングの発祥は、1950年代のアメリカ合衆国に遡る。当初は、対人関係がうまくいかない人、自己表現が苦手な人の行動療法、カウ

ンセリングの技法として開発された。しかし、アサーションが注目を浴びるのは、1970年代に入ってからである。アルベティとエモンズの著書『あなたの完全な権利』[1] がベストセラーとなり、人権としてのアサーションが広く認知されるようになったが、その背景には、1960年代以降のアメリカにおける黒人や女性に対する差別撤廃運動、公民権運動の広がりがある。アサーションがキング牧師の非暴力運動に大きな役割を果たしたとも言われている。

このように、アサーショントレーニングの考え方は、単に個人の自己表現スキルの獲得という枠を超えて、人間の価値や平等、人権問題に関わる時の有効な対応方法として発展していくこととなった。

3. 職業リハビリテーション分野における適用

就労支援においても、アサーションの考え方は広く援用されている。SST はその代表例といえる。また、採用面接を想定した障害者の面接練習も、自己PRを適切に表現し、必要な合理的配慮を事業主に希望するという点でアサーティブな自己表現が障害者自身に求められるだろう。

また、障害者だけでなく、支援者側にもアサーションのスキルは欠かせない。障害者や関係機関職員との面談ではアサーティブなコミュニケーションが求められるし、事業主に対して、時には権利擁護の視点から交渉することも必要となるが、ここでもアサーション権の考え方の活用は欠かせない。さらには、支援者自身のバーン・アウト（燃え尽き症候群）を防ぐためにも、アサーションの考え方は支援者自身が身につけておくべき基本的なスキルといえる。

文　献

1) アルベティ，R.E. &エモンズ，M.L.，菅沼憲治・ジャネット純子（訳）(2009) Your Perfect Right 自己主張トレーニング．東京図書．
2) 平木典子（2015）改訂版アサーション・トレーニング：さわやかな〈自己表現〉のために．金子書房．

（野口洋平）

応用行動分析

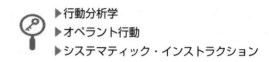

▶行動分析学
▶オペラント行動
▶システマティック・インストラクション

1．応用行動分析とは

　応用行動分析とは、スキナー（Skinner, B.F.）が創設した心理学の一派である行動分析学を社会問題の解決に応用するものである。行動分析学とは「徹底的行動主義」を基盤とする。徹底的行動主義とは、研究対象を行動に限定するものの、この「行動」とは生きている人間が行えることすべてであり、外部からの直接観察可能なものだけではなく、直接観察が困難な意識や思考も行動としてとらえること、また行動の要因として環境を重視する考え方である。一般的には、行動とは外部から観察可能に限定され、それは思考・判断など内的な要因によって発生するととらえるが、行動分析学ではそうではなく、このような思考・判断なども行動であり、それらをも生じさせた環境要因（たとえばルールの存在）を重視するということになる。

　行動分析学における、行動を分析するための基本的な観点としては、行動の分類や三項随伴性などが挙げられる。前者の行動の分類とは、時間的に行動の直後に発生する刺激（快刺激や不快刺激など）によって、以後の発生頻度が変わる自発的な反応であるオペラント行動と、特定の誘発刺激によって引き起こされるレスポンデント行動とに分類することである。オペラント行動は日常生活の多くの行動が該当する。レスポンデント行動はパブロフ（Pavlov, I.P.）も研究を行ったいわゆる「条件反射」であり、行動後の刺激の有無とは関係なく成立する。後者の三項随伴性とは、行動発生前の環境変化（弁別刺激）、行動、行動が発生した後の環境変化（その後の行動を増加させる強化刺激や、逆に減少させる罰刺激などの発生）の3つから、分析の対象となる行動（特にオペラント行動）を分析することである。

　行動分析学には、ハトやラットなどを用い基礎的な知見を積み上げていく「実験的行動分析」と、基礎的な知見を臨床、教育、スポーツ、産業場面などにおける社会的に重要な課題に応用していく「応用行動分析」が主な領域としてある。そのため、「応用行動分析」は、学習心理学などで蓄積されてきた知見を心理療法として応用する「行動療法」「行動変容」とも重なる部分もある

が、必ずしも「治療」を目的とするものではない（ただし行動分析学の知見を基に開発された臨床技法もある）、といった違いがある。

２．応用行動分析と職業リハビリテーション

応用行動分析は職業リハビリテーションにも大きな影響を与えている。特に知的障害者などへの作業手順などの職業技能や対人技能の習得支援、またジョブコーチによる援助付き雇用という方法論の発展に影響を与えている。1970年代には応用行動分析の枠組みの中で、重度知的障害者に対し自転車ペダルの組み立て作業などの工程数の多い作業を教えることの可能性を探究する研究が始められた。このような研究で用いられた支援技法は、現在ではジョブコーチの重要な支援技術の１つのシステマティック・インストラクションにおける「課題分析」「最小限の介入」となっている。

また、応用行動分析の重要な研究テーマの１つである「般化」（指導や訓練によって形成された行動が、指導や訓練が行われた環境以外でも成立すること）が重度知的障害者などは困難なこと、すなわちあるスキルが障害者作業所内で習得されたとしても、支援が行われた場面と異なる場面である、就職を目指す企業現場となると発揮されないことが多いことから、最初から当該企業内でジョブコーチによる訓練を行う"place then train"アプローチが生まれたが、これも応用行動分析的実践の延長線上にあるものととらえることができる（一方で応用行動分析では、どのような支援環境を整えれば般化が発生しやすくなるかについても追究されている。たとえば、多様な練習材料を用いることや般化させたい日常環境に指導が行われる環境を近づけること等が、般化が発生しやすくなる環境条件であることが示されてきている[2]）。

またわが国では、ワークサンプル幕張版やメモリーノート等を含むトータルパッケージが開発されており、作業ミスを防ぐ補完手段といった環境設定やトレーニングの進め方等に応用行動分析的観点が取り入れられている。

文　献

1）坂上貴之（1999）行動分析，中島義明ら（編），心理学辞典，258，有斐閣.
2）山本淳一（1997）コミュニケーション行動の般化とその自発的使用，小林重雄（監修）応用行動分析入門，121-138，学苑社.

（若林　功）

認知行動療法

▶自動思考
▶認知再構成法
▶治療関係

1．認知行動療法とは

認知行動療法（CBT：Cognitive Behavioral Therapy）は、行動療法と認知療法とが融合した構造化された心理療法である。治療効果のエビデンスが示されており、心理療法の中では現在国内で唯一（医師、及び医師と共同して看護師が実施する場合）診療報酬の対象となっている。2016年度診療報酬改定において、対象疾患に従来のうつ病等の気分障害に加えて、強迫性障害と社交不安障害、パニック障害、心的外傷後ストレス障害が追加された。

クライエントが有する問題には、環境と身体、感情、行動、認知の5つの側面があるという理論に基づく[1]。それらが相互に作用し合って問題が生じ、悪循環により維持されると考える。認知行動療法の目的は、この悪循環を断ち切ることといえる。さらには、クライエント自身が対人関係やストレス対処等の問題を解決できるようになることを支援し、日常的な問題をセルフコントロールしてより適応的に生活する力を育むことが目標となる。したがって、次回の治療面接までに実生活において実施する「ホームワーク」や、治療面接で学んだことを実生活に活かすための具体的な行動プランである「アクションプラン」が重視される。

2．認知行動療法の実践

Aさんの上司は、毎朝笑顔であいさつしてくれる。しかし、今朝は眉間に皺を寄せて無言で通り過ぎて行った。そのためAさんは、自分が何か上司を怒らせることをしたのではないかと考え（認知・思考）、焦りや恐怖、不安を感じた（感情・気分）。喉が詰まるような感覚を覚え、体が縮まるほど筋緊張が起こる（身体）。こうした反応は決して不自然なものではないが、そのためにうまく仕事ができない日々が続くと（行動）Aさんは社会生活に支障をきたすことになる。そこでセラピストは問題解決を手助けするために、Aさんとともに認知行動療法に取り組むこととした。

認知行動療法にはさまざまな技法が存在するが、ここでは一般的な流れを紹介する。①まずはAさんを1人の人間として理解し、直面している問題点を洗

い出す。そして治療方針を立てる。治療の前提として、インフォームドコンセントに基づく治療契約が重要となる。②心理教育により治療へのモチベーションを高めていく。具体的には、認知の癖ともいえる「自動思考」に焦点を当てて認知の歪みに気づき、それを修正する。Aさんの場合、咄嗟に「上司は自分のことを怒っている」と認知して、以来不安や恐怖で仕事がうまくできていない。技法の１つである「認知再構成法」では、他のより合理的なとらえ方（たとえば、上司自身の体調が悪くて、あいさつする余裕がなかっただけかもしれない等）を検証する練習をする。③必要に応じて、自動思考を生み出す元ともいえる「スキーマ」に焦点を当てる。④問題解決とともに治療終結となる。

　こうした過程においては、セラピストがクライエントに対して情緒的な共感をし、安定した治療関係を築くことも忘れてはならない。そして、クライエント自身のエンパワメントを実現する視点を持ち、クライエント自ら答えを見つけ出していけるように関わることが大切である。

文　献

1）グリーンバーガー，D. & バデスキー，C.A.（2001）うつと不安の認知療法練習帳，創元社.
2）厚生労働省（2009）うつ病の認知療法・認知行動療法治療者用マニュアル，厚生労働省〈https://www.mhlw.go.jp/stf/seisakunitsuite/bunya/hukushi_kaigo/shougaishahukushi/kokoro/index.html〉
3）大野裕・田中克俊（2017）保健，医療，福祉，教育にいかす簡易型認知行動療法実践マニュアル，ストレスマネジメントネットワーク.

（柴田泰臣）

アセスメントのツール①

▶職業適性検査
▶職業興味検査
▶就労移行支援のためのチェックリスト

　アセスメントにはさまざまな方法論が用いられてきたが、ここでは職業リハビリテーション、就労支援において一般に用いられる心理検査及びチェックリストについて述べていく。それらの手法の多くは、その有効性と限界をわきまえて使用する限り、利用可能性が高いものである。

1．心理検査

　心理検査は個人が平常の状態で安定的に示す成績や行動特性を効率よくとらえる方法であり、個人の反応や結果を定められた手順により処理して解釈する。職業的な個性について、能力特性を把握するツールである「職業適性検査」と、行動傾向や職業興味を把握するツールとして「職業興味検査」を例に挙げる。

　「厚生労働省編一般職業適性検査」は、多様な職業分野において仕事を遂行する上で必要とされる代表的な9種の能力（適性能）を測定し、能力面から見た個人の理解や、個人の適性領域の探索等の、望ましい職業選択を行うための情報（資料）を提供するツールである。11種類の紙筆検査と4種類の器具検査により、「知的能力」「言語能力」「数理能力」「書記的知覚」「空間判断力」「形態知覚」「運動能力」「指先の器用さ」「手腕の器用さ」の9種の適性能を測定し、適合性が高い職業群を検討できるほか、個人内での得手不得手を9種の適性能の高低から把握することもできる。適用範囲は原則中学生〜45歳までである。

　「VPI職業興味検査」は、160の具体的な職業名に対する興味の有無を回答することで、6つの興味領域（現実的、研究的、芸術的、社会的、企業的、慣習的）に対する興味の程度と5つの傾向尺度（自己統制、男性−女性、地位志向、稀有反応、黙従反応）をプロフィールとして表示するツールである。職業及び働くことに関しての動機付けや情報収集、キャリアガイダンスでの使用等に適しているが、短大生、大学生以上が対象であり、妥当な結果を得るには、一定以上の社会経験や職業情報を持っている必要がある。

　なお、心理検査を障害のある人に利用する場合、定められた手順に従い検査

実施した場合に、障害による制限（視覚・聴覚障害、文章理解、不安・緊張等）により本来の能力を発揮できず、評価結果が低く査定されることがある。

２．チェックリスト

　職業リハビリテーションや就労支援において一般に用いられるチェックリストとして、「障害者用職業レディネス・チェックリスト」と「就労移行支援のためのチェックリスト」を例に挙げる。

　「障害者用職業レディネス・チェックリスト」は、障害のある人が一般企業に就職して職場で役割機能を果たしながら適応してゆく際に必要となる心理的・行動的条件について、職場で働くための準備状況を把握するツールである。「一般的属性」「就業への意欲」「職業生活の維持」「移動」「社会生活や課題の遂行」「手の機能」「姿勢や持久力」「情報の受容と伝達」「理解と学習能力」の９領域44項目について観察者が記入することで、職業相談や職業指導を進める手がかりを得ることができる。

　「就労移行支援のためのチェックリスト」は、「日常生活」「働く場での対人関係」「働く場での行動・態度」の３分野34項目の必須チェック項目と、９項目の参考チェック項目を一定期間観察して記入することにより、対象者の現状を把握するためのツールである。対象者の現状を改善するための支援方法を考え実行する資料を得るためのものであり、就労の可否や就労移行可能性の高低を評価するツールではない点は留意が必要である。

３．取得した情報を整理する際の留意点

　職業評価の資料を得る際には、より目的にかなう道具、方法を採用することが重要である。そのためには、評価の目的を具体化する必要がある。また資料の解釈にあたっては、心理学的な理論や社会学的な理論、人間行動の理論等を用いて、検査結果や行動の持つ意味や意義を推測して、各種評価結果が整合するよう整理する必要がある。そのためには、職業評価の実施にあたり十分な訓練や指導を受けることが重要となる。

（大石　甲）

アセスメントのツール②

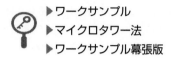

▶ワークサンプル
▶マイクロタワー法
▶ワークサンプル幕張版

1．ワークサンプル法

　職務を遂行する能力を構成する要素である "作業能力" を評価する方法の1つに "ワークサンプル法" がある。この方法は実際の職務を構成する作業（work）の要素を抽出（sampling）し作成した "作業課題" の遂行状況・成績から個人の作業特性・能力を客観的に評価する方法である。多様な作業課題をパッケージ化した代表的なものにはマイクロタワー法や後述するワークサンプル幕張版（Makuhari Work Sample：以下MWSという）がある。

2．マイクロタワー法

　マイクロタワー法（International Center for the Disabledが開発）は13種類の作業課題から構成されており、"手指の巧緻性"（作業課題の例：ビンの蓋しめと箱づめ）、"対象の形や視空間上の関係性を理解・判断する能力"（例：図面の理解）、"事務作業を遂行する能力"（例：郵便物仕分け）、"言語能力"（例：伝言の受け取り）、"計算が必要な作業を遂行する能力"（例：賃金計算）という5つの能力を評価することができる。課題の遂行結果は採点基準に従って得点化し、基準集団における個人の相対的位置を特定することで、職業適性を検討できるように設計されている。しかし、次節で説明するようにワークサンプルはその活用の仕方によって適性評価以外の機能も付加できる。

3．ワークサンプル幕張版

　MWSは職業生活を継続するために必要な "作業を遂行する技能の獲得" や "個人の特性やその人を取り巻く環境に応じた補完方法・環境調整の検討" を主たる目的としたツールである（障害者職業総合センターが開発）。事務作業4課題（数値チェック、物品請求書作成、作業日報集計、ラベル作成）、OA作業5課題（数値入力、文書入力、コピー＆ペースト、ファイル整理、検索修正）、実務作業4課題（ナプキン折り、ピッキング、重さ計測、プラグタップ組み立て）の計3領域13課題から構成されている。また、2019年3月時点で新規3課題（給与計算、文書校正、社内郵便物仕分け）を開発したことが公表されている[1]。

MWSには"簡易版"と"訓練版"という用途が一部異なる2つの型がある。簡易版は主に作業能力の評価に用いられ、訓練版は評価だけでなく作業遂行技能を獲得するための訓練等にも用いられる。訓練版はすべての作業課題について数段階の難易度が設定されており、難度の低い課題から高い課題まで段階的に学習できるようになっている。難易度の調整においては、課題遂行に求められる情報量の増加といった量的調整だけでなく、"作業ルールの追加"といった作業の流れを一部変えるような質的調整も行われている。そのため、課題の難度が高いほど多様な作業エラーを観察できる。

　一方の簡易版は、訓練版のすべての要素を含む課題群で構成されているが、課題量を圧縮しているため、比較的短時間でさまざまな作業エラーの有無を確認できる。対象者にとっては自らのエラー傾向を把握することで作業上の障害に気づいたり、訓練や補完方法の必要性を実感する機会になる。また、比較的短時間で多様な作業課題を経験できるため、対象者自身の興味・関心がある作業内容をその実行可能性も含めて特定することで訓練プログラムを構成するための手がかりも得られる。ただし、作業技能を獲得するための訓練や補完方法・環境調整の検討を行うには課題量が多い訓練版が必要になる。

　訓練版は応用行動分析の手法を用いることで、個人に適した補完方法・環境調整の検討に利用することもできる。たとえば、補完方法・環境調整を導入する前（ベースラインと呼ばれる）において一定数の作業課題を実施した後、補完方法・環境調整を導入した上で作業課題を実施し、課題遂行状況・成績の改善を示す現象（作業時間の短縮・作業エラーの減少等）が認められるかどうかを分析することで補完方法・環境調整の効果を評価できる。

文　　献
1）障害者職業総合センター（2019）障害の多様化に対応した職業リハビリテーション支援ツールの開発（その2）：ワークサンプル幕張版（MWS）新規課題の開発，調査研究報告書 No.145，高齢・障害・求職者雇用支援機構障害者職業総合センター．

（武澤友広）

アセスメントのツール③

▶脳の機能
▶検査

1．就労と脳の機能

　就労支援の現場で、障害当事者が言語指示通りに作業をできないことがある。この作業を遂行するために、①指示に注意を向け（注意）、②言語を理解し（知能・言語）、③指示を記憶し（記憶）、④作業の計画を立てて実行する（遂行機能）、の4点が必要になってくる。①～④は、いずれも脳の機能が関与する。したがって、就労支援において脳の機能をアセスメントすることは重要であり、以下に各機能のアセスメントツールについて述べる。

2．脳の機能のアセスメントツール

　今回は、知能、記憶、注意、遂行機能、言語に関するアセスメントツールを取り上げる。なお、詳細は専門書を参考にしてほしい[1) 2)]。

　（1）知能：ウェクスラー成人知能検査Ⅳ（WAIS-Ⅳ）は全検査IQのほか、言語理解指標、知覚推理指標、ワーキングメモリー指標、処理速度指標の4つの合成得点が算出可能であるが時間がかかり、簡便な検査としてMini Mental State Examination（MMSE）が20～30分で実施可能で、見当識や注意、記憶も検査できる。また、言語を用いずに測定が可能な検査としてコース立方体組み合わせテストがある。

　（2）記憶：総合的な評価法である日本版リバーミード行動記憶検査（RBMT）は顔と姓名、約束、道順と要件など、日常生活に近い状況での評価が可能であり、日本版ウェクスラー記憶検査法（WMS-R）は、言語性記憶・視覚性記憶・一般的記憶（言語・視覚の両記憶の統合）・注意／集中力・遅延再生の各指標を算出できる。一方、三宅式記銘力検査、ベントン視覚記銘検査は主にエピソード記憶の検査となっている。

　（3）注意：注意は方向性注意（障害されると半側空間無視となる）と汎性注意に分けられ、汎性注意は持続性（注意を持続する）、選択性（多数の刺激の中から1つの標的刺激を選び出す）、転導（転換）性（注意の対象を切り替える）、分割（分配、配分）性（多数の刺激の中から2つ以上の標的刺激を選び出すため同時処理に関係する）の4つに分けられる。日本版レーヴン色彩マ

トリックス検査は注意と類推思考が測定可能とされ、標準注意検査法（CAT）は7種の検査で複数の注意機能を検査できる。また、注意の分類別では方向性注意の障害（半側空間無視）の検査にBIT行動性無視検査日本版が、持続性注意にはTrail Making Test A（TMT‐A）、転換性注意にはTrail Making Test B（TMT‐B）、選択性注意にはかなひろいテスト、配分性注意にはPaced Auditory Serial Addition Test（PASAT）の各検査がある。

（4）遂行機能：遂行機能は毎日の生活の中で行われている一連の思考と行為であり、①目標の設定、②計画の立案、③計画の実行、④効果的な行動の4つの要素から成り立っている。つまり、注意や記憶、言語、行為を統合させて前頭葉を中心に働かせる機能であり、検査実施前には他の機能の評価を済ませておく必要がある。総合的な評価には、日本版BADS遂行機能障害症候群の行動評価、思考の切り替えや推論力の検査にウィスコンシンカードソーティングテスト（WCST）がある。なお、遂行機能と前頭葉機能が同じではないため、前頭葉に関連した症状を検出するため総合的評価バッテリーとしてFrontal Assessment Battery（FAB）がある。

（5）言語：言語機能の検査としては、標準失語症検査（SLAT）、WAB失語症検査日本語版がある。標準失語症検査（SLAT）は成績から失語のタイプが分類でき、WAB失語症検査日本語版も同様であるが、言語検査以外に構成や行為の課題が含まれている。

3．アセスメント活用の注意

脳の機能に関するアセスメントツールは日進月歩で豊かになってきている。一方、検査結果と実際の就労も含めた生活場面とはギャップが生じることが多い。そのため、アセスメントツールの結果のみを頼るのではなく、他の領域のアセスメントや観察なども含めて検討する必要がある。

文　　献

1）能登真一（2017）高次脳機能評価法，能登真一ら（編），標準作業療法学専門分野作業療法評価学第3版，440-466，医学書院．
2）鈴木孝治（2016）作業療法学ゴールド・マスター・テキスト：高次脳機能障害作業療法学改訂第2版，メジカルビュー社．

（大川浩子）

索　引

161

162

163

165

職業リハビリテーション用語集＊執筆者一覧

[監　修] 日本職業リハビリテーション学会

[編　集] 職リハ用語集編集委員会

〈編集委員長〉小川　　浩

〈副編集委員長〉若林　　功

〈編 集 幹 事〉小川　　浩、若林　　功、眞保智子

〈編集委員〉

◆第 1 期編集委員会　※第 2 期編集委員会

大島みどり◆※　（NPO 法人 NECST ユースキャリアセンターフラッグ）

大 村 美 保◆　（筑波大学　人間系）

岡 田 雅 人◆　（高齢・障害・求職者雇用支援機構　職業リハビリテーション部）

小 川　　浩※　（大妻女子大学　人間関係学部）

小 澤 昭 彦◆　（岩手県立大学　社会福祉学部）

後 藤 祐 之◆　（川崎医療福祉大学　医療福祉学部）

志 賀 利 一◆　（社会福祉法人横浜やまびこの里　相談事業部）
＊第 1 期編集委員会委員長

柴 田 珠 里◆※　（社会福祉法人横浜やまびこの里　ワークアシスト）

眞 保 智 子◆※　（法政大学　現代福祉学部）

中 川 正 俊◆　（田園調布学園大学　人間福祉学部）

野 﨑 智 仁◆※　（国際医療福祉大学　保健医療学部）

福 岡 新 司◆　（一般社団法人 SOWET）

山口（藤井）明日香◆※　（高松大学　発達科学部）

本 多 俊 紀◆　（NPO 法人コミュネット楽創）

若 林　　功◆※　（常磐大学　人間科学部）

[執筆者] （執筆順）

朝 日 雅 也 （埼玉県立大学　保健医療福祉学部）

松 為 信 雄 （東京通信大学　人間福祉学部）

小 川　　浩 （大妻女子大学　人間関係学部）

相 澤 欽 一 （高齢・障害・求職者雇用支援機構　宮城障害者職業センター）

松 井 亮 輔 （法政大学名誉教授）

若 林　　功 （常磐大学　人間科学部）

本 多 俊 紀 （NPO 法人コミュネット楽創）

行 實 志都子 （神奈川県立保健福祉大学　保健福祉学部）

八 重 田 淳 （筑波大学大学院　人間総合科学学術院）

倉 知 延 章 （九州産業大学　人間科学部）

志 賀 利 一 （社会福祉法人横浜やまびこの里　相談事業部）

富 田 文 子 （埼玉県立大学　保健医療福祉学部）

金　文　華 （長崎ウエスレヤン大学　現代社会学部）

大 曽 根 寛 （放送大学　教養学部）

寺 山　　昇 （コンサルティングオフィス寺山）

石 原 まほろ （高齢・障害・求職者雇用支援機構　職業能力開発総合大学校）

山口（藤井）明日香 （高松大学　発達科学部）

今 井　　明 （国立社会保障・人口問題研究所）

宮 澤 史 穂 （高齢・障害・求職者雇用支援機構　障害者職業総合センター）

日 元 麻衣子 （三菱商事太陽株式会社）

塩 津 博 康 （長野大学　社会福祉学部）

吉 野 敏 博 （NPO 法人かながわ精神障害者就労支援事業所の会　ホープ大和）

酒 井 大 介 （社会福祉法人加島友愛会）

重 泉 敏 聖 （NPO 法人きなはれ　就業・生活応援プラザねっと）

三 木 佐和子 （一般社団法人ヴァリアスコネクションズ　ツナガリの福祉所）

中 金 竜 次 （就労支援ネットワーク ONE）

福 岡 新 司 （一般社団法人 SOWET）

鈴 木 瑞 哉 （高齢・障害・求職者雇用支援機構　東京障害者職業センター）

大 村 美 保 （筑波大学　人間系）

縄 岡 好 晴 （大妻女子大学　人間関係学部）

後 藤 祐 之　（川崎医療福祉大学　医療福祉学部）

大島みどり　（NPO 法人 NECST ユースキャリアセンターフラッグ）

太 田 幸 治　（玉川大学　非常勤講師）

千 田 若 菜　（医療法人社団ながやまメンタルクリニック）

前 原 和 明　（秋田大学　教育文化学部）

小池眞一郎　（高齢・障害・求職者雇用支援機構　秋田障害者職業センター）

柴 田 泰 臣　（NPO 法人 NECST）

岡 田 雅 人　（高齢・障害・求職者雇用支援機構　障害者職業総合センター）

若 宮 翔 子　（社会福祉法人 JHC 板橋会　障害者就業・生活支援センターワーキン
　　　　　　　グ・トライ）

眞 保 智 子　（法政大学　現代福祉学部）

根本真理子　（前 NPO 法人まひろ）

中 川 正 俊　（田園調布学園大学　人間福祉学部）

柴 田 珠 里　（社会福祉法人横浜やまびこの里　ワークアシスト）

野 﨑 智 仁　（国際医療福祉大学　保健医療学部）

野 口 洋 平　（高齢・障害・求職者雇用支援機構　熊本障害者職業センター）

大 石　　甲　（高齢・障害・求職者雇用支援機構　障害者職業総合センター）

武 澤 友 広　（高齢・障害・求職者雇用支援機構　障害者職業総合センター）

大 川 浩 子　（北海道文教大学　人間科学部）

障害者雇用・就労支援のキーワード

職業リハビリテーション用語集

2020 年 9 月 25 日　発行

監　　修　　日本職業リハビリテーション学会
編　　集　　職リハ用語集編集委員会
編集幹事　　小川浩、若林功、眞保智子

発 行 所　　やどかり出版　代表　増田一世

〒 337-0026　さいたま市見沼区染谷 1177-4
Tel　048-680-1891　Fax　048-680-1894
E-mail　book@yadokarinosato.org
https://book.yadokarinosato.org/

印　　刷　　やどかり印刷

ISBN978-4-904185-46-9